Señor,
QUÍTAME
LO BRUTO

Raquel Levinstein

Señor,
QUÍTAME
LO BRUTO

PANORAMA

superación

Respete el derecho de autor.
No fotocopie esta obra.

CeMPro

Centro Mexicano de Protección y Fomento
a los Derechos de Autor
Sociedad de Gestión Colectiva

Señor, quítame lo bruto
Raquel Levinstein

Segunda edición: Panorama Editorial, 2017

D. R. © 2017, Panorama Editorial, S. A. de C.V.
    Manuel María Contreras 45-B, colonia San Rafael,
    06470, México, D. F.

Teléfono: 55 54 70 30
e-mail: ventas@panoramaed.com.mx
www.panoramaed.com.mx

Texto © Raquel Levinstein
Fotografía portada: © Gualtiero Boffi, usada para la licencia de Shutterstock.com

ISBN: 978-607-452-570-0

Impreso en México

Señor, ¡quítame lo bruto! y, de paso, lo autocondolido, iracundo, dependiente, manipulador, chantajista y las demás *chuladas* que me estorban para ser feliz.

Amén.

Índice

Prólogo

En una época en la que prevalecen las guerras, los conflictos y los levantamientos entre las naciones y la humanidad; en la que nuestro diario acontecer se encuentra teñido de violencia, inseguridad y hasta de tragedias; en la que la corona que enmarca una historia de humanidad es doliente e inconsciente, y afloran las dependencias químicas y emocionales; en la que las familias se desintegran y parece que los hijos están en contra de los padres y los padres en contra de los hijos; en la que la mayor guerra que tenemos que enfrentar se encuentra dentro de nosotros mismos, surgió este libro como un canto de esperanza y gratitud a la vida.

También surgió para que dejes de ser dependiente de falsas profecías, de supercherías y supersticiones; para que ya no seas presa del miedo, y logres la conquista de tu propio interior descubriendo la verdad que te hace libre, eterno e inmortal; para que dejes de sentirte como una hoja al viento o un corcho en el mar; para que dejes de reclamarle a la vida y a Dios, tal como puedas entenderlo, los sinsabores que de forma cotidiana tienes que enfrentar; para que jamás dejes de voltear a las estrellas y descubrir en ellas tu raíz divina y la esencia de eternidad que palpita en tu corazón; para que descubras que la adversidad, que como humanidad estamos enfrentando, representa la más grandiosa de las oportunidades: la de descubrir tu esencia y tu verdad, aquélla que no sólo te hace libre, sino que te permite establecer un reencuentro con nuestro Creador, y percibirlo como parte de ti, y tú, aun en tu fragilidad y pequeñez humanas, como parte integral de Él, y así transformar la realidad material, caótica y destructiva, por su propia naturaleza, en el edén de paz, armonía y libertad anunciado desde tiempos inmemoriales.

Este libro constituye la respuesta a una serie de acontecimientos con los que se instaló en mí lo que parecía una noche oscura, un invierno largo y frío; comenzó con el fallecimiento de personas muy queridas y cercanas a mí, con aquellas pérdidas que desgarraron mi alma y mutilaron mi corazón, porque fueron parte de mi propia vida: la pérdida de mi hermana, mi única hermana mujer, la de mi esposo, mi compañero durante casi 35 años y la de un tío muy querido, que en mis recuerdos de infancia cobra un papel muy, pero muy especial.

En este lapso, no mayor a año y medio, también enfrenté accidentes, enfermedades con carácter fatídico como el cáncer de mi madre, dos cirugías en mi cuerpo, injusticias y arbitrariedades dentro del núcleo laboral, y mi salida de Televisa Radio.

Hoy, cuando el alba comienza a aparecer, me doy cuenta de que en cada ser humano se encuentra la verdad que lo hace libre, y de que el oro para convertirse en tal tiene que atravesar el crisol del fuego. Sé que ninguna contrariedad o adversidad tiene el poder de dañar, ni siquiera de tocar a la criatura más amada de Dios, que eres tú.

Pero es necesario que comiences a creer en ti. Dios se encuentra presente en cada paso que das, en cada instante que transcurre. Él es tu fuerza y tu verdad, aun cuando hay momentos en los que quisieras verlo con el alma, escucharlo con el corazón, mas parece que no responde, que se ha ido, que ya no está.

Hoy quiero compartir contigo la victoria de un triunfo humano, uno que es el tuyo, una victoria que nos corona a todos como humanidad, porque lo que un hombre hace para sí mismo, lo hace –aun sin darse cuenta– en pro o en contra de la humanidad entera.

Hoy quiero decirte que, aun cuando en ese lapso, que no se mide con hojas de calendario ni con el tiempo que marca las manecillas del reloj, hubo momentos de incertidumbre y de profundo dolor, jamás dejé de tener la certeza de que el amor infinito del Padre me envolvía, de que su sabiduría infinita me guiaba, y de que, aun cuando había cosas que yo no podía entender, que la razón no podía explicar ni el corazón aceptar del todo –por lo menos no en primera instancia–, me repetía mil veces: "Señor, no entiendo qué es lo que pasa, pero sé que si Tú estás a cargo, todo está bien, aun cuando no pueda entenderlo, Señor, yo confío en Ti".

Esta oración la hice de forma cotidiana; era como la punta de la lanza con la que iniciaba una nueva batalla, con la que enfrentaba una nueva adversidad; con sólo repetirla obtenía paz y serenidad. Quisiera que también fuera tu frase preferida en los momentos difíciles, y lo más importante, que comenzaras a creer en ti. Ésta era la respuesta silenciosa que yo no escuchaba con claridad cuando de mil formas le decía al Creador que confiaba en Él, y me decía: "Pero ¿acaso confías en ti?"

Esa respuesta la quise evadir mil veces, me parecía que con mi confianza en Él era suficiente, que era soberbia, falta de humildad, creer en mí. Hoy sé a ciencia cierta que debo creer en mí, y que, si bien es cierto que por mí misma nada puedo, en Él todo es posible, como todo es posible para el que cree.

Hoy el miedo ya no me da miedo, no como desafío o reto de inconsciencia, porque sé que en cada ser humano se encuentra sembrada una semilla de gloria, que en cada uno de nosotros se encuentra la esencia misma del Padre y que la adversidad es precisamente la oportunidad para descubrir esta verdad, para transformar la oscuridad en luz, la esclavitud en libertad y el sufrimiento en paz.

Hoy, que el tiempo ha transcurrido y la luz se comienza a instalar, puedo decirte que en cada contratiempo enfrentado con valor, dignidad y confianza en Dios y en mí he tenido resultados maravillosos, sólo que, por nuestra propia naturaleza humana, tendemos a ver sólo lo malo e ignorar incluso el milagro que viene como respuesta a una oración, a una creencia, a la gratitud infinita, aun antes de ver la respuesta.

Voy a comentarte sólo algunas de las bendiciones con las que el Señor respondió a mi llamado: mi sobrino que sólo tenía 15% de probabilidad de vida hoy se encuentra vivito y coleando, y en un proceso de transformación que lo hace mejor cada día; de los accidentes que tuvieron mis hijos y mi nieta, que parecían mortales, ya que hubo pérdida total del automóvil –hoy tengo uno nuevo y mejor–, salieron ilesos, la niña incluso sin rasguño alguno. El cáncer de mi mamá, quien por su edad y condición no era sujeto de cirugía ni quimioterapia, ya desapareció, y para los médicos este hecho así como la forma y la rapidez con las que se llevó a cabo representan un milagro sorprendente, y actualmente ella goza de una estupenda salud.

Además tengo un equipo de trabajo maravilloso, mil proyectos en ciernes y la certeza de que Dios me tiene preparado un nuevo y mejor espacio en la radio para continuar con el trabajo que adoro hacer y que juntos, como radioescuchas, grupos de transformación interna y equipo de colaboradores, llevamos a cabo día con día con el único fin de transformarnos en mejores personas y construir a partir de nuestro propio cambio una vida, un mundo y un México mejores.

Hoy sé también que la muerte es vida y que, en verdad, ¡jamás se pierde lo que se ama!; si bien esos seres amados ya no se encuentran en este plano material, forman parte constante de mis sueños, son mi compañía de todo momento y, como ángeles silenciosos, dialogan con mis más nobles sentimientos y mis más encumbrados pensamientos; si ya no es posible verlos con los ojos del rostro, sí es posible sentirlos con el corazón, y no hay día en que no acudamos puntuales a la cita en el corazón de Dios cuando hacemos oración, cuando pedimos por nuestros seres queridos y por cada uno de los hijos de Dios, cuando recordamos nuestros momentos compartidos y las cosas bellas que, aun en la distancia, hoy por hoy podemos compartir.

Hoy sé que ni la muerte puede vencer a la criatura más amada de Dios, que eres tú; hoy sé que en cada hombre y en cada mujer se encierra la esperanza de darle vida a la vida de Dios; que hay leyes del espíritu que cuando las conoces y las pones a tu disposición hacen que la materia, que aparece grosera e irreverente, se pliegue para darle vida a tus sueños más encumbrados, a tus creencias más arraigadas, a tus anhelos y esperanzas más añejos.

Señor, quítame lo bruto

Si ya estás leyendo este libro, vas por buen camino, ya que aceptar por lo menos la posibilidad de ser o parecer bruto te aproxima a la solución del problema. Aceptarlo te permite recorrer al menos 50% del sendero para dejar de serlo, y si además te atreves a voltear al cielo para pedirle ayuda a Él, nuestro Creador, entonces, bruto, lo que se dice bruto, en realidad no eres. Pero, antes de descubrir el camino cierto para dejar de parecer o ser un bruto, sería conveniente saber a ciencia cierta lo que significa la palabra *bruto*. ¿No te parece?

El *Diccionario del español moderno* de Larousse lo define como "necio, falto de inteligencia, imbécil, bestia, animal, salvaje, tosco como un diamante en bruto".

Por donde le busques, ninguno de los conceptos antes mencionados es siquiera halagüeño, salvo el último, que se refiere a una joya en bruto, y en la que en el fondo se encuentra un diamante que tiene que ser descubierto; se refiere a un carbón (leíste bien, dije "carbón") que tiene que ser pulido, mucho, para mostrar la belleza y la infinita riqueza que se encuentran en el interior.

Pienso que esto ya lo intuyes, pues de otra manera no estarías leyendo este libro; sólo que, para variar, buscas el camino cómodo, el que parece más fácil, que es el de pedirle a Dios que te quite lo bruto así como así, como por acto de magia o como resultado de un milagro, sin que tú pongas algo de tu parte, para después, como siempre, reclamarle porque no realiza tu voluntad, porque no cumple tus solicitudes y pedidos a la carta con la diligencia y la celeridad digna de un dios, y con esto no sólo corres el riesgo de quedar igual o más bruto que al principio, sino, además, resentido, enojado y alejado de Él.

Por supuesto que es bueno el sólo hecho de desear dejar de ser o parecer un bruto, desde luego que siempre resulta bueno invitar a Dios a tu vida en cualquier aspecto, mas no esperes que sólo por este hecho lo bruto desaparezca, porque sin duda tú también tienes que hacer lo tuyo, quizá la parte que parece más difícil y compleja, pero, si lo observas desde un punto de vista más amplio que el que tu brutalidad te permita percibir, a ti sólo te corresponde realizar lo posible, lo humanamente posible; a Dios le toca hacer lo imposible.

En este sentido hay buenas y malas noticias. Voy a comenzar por las segundas: que Dios te quite lo bruto así como así no se va a poder, pues como diría san Juan de la Cruz: "Dios nunca va a hacer por el hombre lo que el hombre debe hacer por sí mismo", así que no esperes un milagrito ni tampoco que en un abrir y cerrar de ojos desaparezca lo bruto y que como por acto de magia te transformes en un diamante radiante, ni siquiera leyendo y releyendo este libro. Pero no te desanimes, por la sola posibilidad de transformarte en una joya preciosa, de descubrir y manifestar la infinita riqueza que se encuentra enclaustrada en ti, vale la pena continuar en el intento. No te rindas a los primeros retos del cambio.

Si por lo menos ya pasó por tu cabeza el deseo, la idea de dejar de ser o parecer bruto, no desaproveches este impulso y continúa adelante, pues también te tengo buenas noticias: sí es posible quitarse lo bruto, y pulir el carbón que oculta el brillo incandescente de un diamante prodigioso que eres tú mismo, en tu más pura esencia, en la verdad que se oculta debajo de la apariencia engañosa de un burdo y sucio carbón.

Ahora la noticia más importante y maravillosa es la respuesta del Creador ante la más mínima invocación, cuando con sumo candor e inocencia le pides que te quite lo bruto, pues él te dice de mil formas, aun sin que tú logres percibirlo del todo, que te ama, que no sabes cuánto lo hace, que habita en ti y camina contigo, siempre cerquita, siempre a tu lado, y que, si bien Él no puede quitarte lo bruto, no porque para Él sea algo imposible, sino por el amor infinito que te profesa, Él espera que tú mismo descubras el potencial infinito que depositó en tu interior desde el principio del tiempo, y que seas tú mismo quien se atreva a ponerse de pie frente a la vida para comenzar a expresar la grandeza del espíritu que te sustenta, que es el mismito espíritu de Dios que suspira en ti, que hace latir tu corazón, que renueva tus células y que te regala con cada nuevo amanecer y con cada respiración una nueva y mejor oportunidad.

Él te dice que las experiencias por las que has atravesado a lo largo de tu existencia, por tristes y dolorosas que parezcan, son las oportunidades para pulir el carbón que aprisiona la luz radiante de un diamante majestuoso que se encuentra en tu interior; que ya no tienes que continuar el camino del sufrimiento para manifestar tu genuina realidad; que puedes elegir el camino del autoconocimiento; que es posible dejar de aprender a base de pedradas y caídas, y dejar atrás el dolor para iniciar un camino de aprendizaje y autotransformación; que lo que ante ti se presenta como un panorama oscuro y gris no manifiesta más que la oportunidad de descubrir y utilizar los recursos del corazón, la mente y el espíritu, la esencia divina que es tu sustento y que fluye en ti a raudales.

Te dice todo lo anterior para que logres salir de la inconsciencia, recobres la dignidad de tu dimensión y recuerdes que estás hecho a imagen y semejanza del Creador, así como que en ti mismo, en tu propio interior, se encuentran todos los recursos para transformar y trascender la realidad que se levanta frente a ti como un fantasma vestido de miedo que te atemoriza, aun cuando no tiene un sustento válido para sostenerse, no uno mayor que el poder que tú por ignorancia e inconsciencia le otorgas.

Este libro te ofrece herramientas de conocimiento. Tú pones el esfuerzo y el tiempo para leerlo, para hacerlo tuyo, además de la acción para aplicar lo aquí aprendido. Dios ya te regaló todos los recursos necesarios, no sólo para no ser ni parecer bruto, sino para que logres manifestar la luz y el brillo de tu genuina esencia, tu genuina verdad, la que te permite manifestar tu verdadera dimensión, la que te hace libre.

Así que espero que hayas tomado la valiente decisión de seguir adelante y quitarte lo bruto por ti mismo, con tus propios recursos, sin esperar que Dios vaya a realizar tu trabajo, aunque sí con la certeza de que, desde el momento en que lo invocaste y que has tomado la decisión de realizar el trabajo maravilloso de convertirte en un diamante majestuoso tras parecer un simple y sucio carbón, Él ya camina contigo, te entrega su más tierna y bella sonrisa, y mantiene su mano extendida y su corazón abierto para que logres caminar tu camino sin desfallecer, para que en ningún momento te sientas solo o abandonado, para que sepas y te sientas hoy y siempre: ¡la criatura más amada de Dios!

La voz de Dios

La voz de Dios es posible escucharla cuando aprendes a guardar silencio, cuando escuchas los secretos que te confía el viento, cuando interpretas la sinfonía que conjuga el canto de las aves con la danza de las hojas de los árboles al ser acariciadas por la brisa, cuando escuchas tu corazón. Por eso, como respuesta a la profunda necesidad de cambio y la solicitud que diriges al Creador para que te quite lo bruto, si supieras escuchar a tu corazón, Él te diría:

> Desde el principio del tiempo sembré una luz infinita y eterna en tu interior, a ti te corresponde quitarte lo bruto; despojarte del fango, de los apegos, los miedos y los defectos de carácter; despertar la tolerancia y el perdón, desarrollar y tejer virtudes para vestirte con ellas a fin de que logres descubrir la esencia que te conforma, la luz que brilla en tu interior.

> Ten presente que la victoria es para aquéllos que perseveran, que aprenden a descubrir una oportunidad en la adversidad, pero no para quienes se atemorizan o se doblan ante el más mínimo movimiento de aguas bravas, ni para los que gimotean y se quejan por los problemas que día con día hay que encarar, menos aún para aquéllos que, cargados por las culpas, por los remordimientos de las acciones cometidas en plena inconsciencia en contra de su cuerpo, mente y espíritu, en contra de los que más dicen amar y de la vida misma, generan

y aceptan los contratiempos y calamidades como si fueran castigos divinos.

Jamás pienses que las dificultades que tienes que enfrentar o los malos momentos que se presentan en tu diario vivir son mi castigo para ti. No pienses que he dejado de amarte o que te he alejado de mi gracia. No te compares con los demás ni envidies lo que pienses que es un bien para otro. Deja de lado la vara con la que mides los bienes materiales; aprende a descubrir en cada situación simplemente una oportunidad para descubrir en ti tu verdadero potencial, pues, así como la semilla más diminuta tiene que atravesar la tierra pantanosa y luchar contra la gravedad para recibir la luz, crecer y expresar el proyecto de vida grabado en su interior, también los aviones para emprender el vuelo tienen que luchar en contra de la resistencia que ofrece la fuerza de gravedad (si ésta no existiera, los aviones jamás podrían volar).

Así, enfrenta con júbilo en el corazón las situaciones que parecen difíciles, interpretándolas como las oportunidades que se presentan ante ti para convertirte en una mejor persona, más fuerte, más sabia, más dueña de ti, para que descubras el poder de ser tú mismo, sin miedo ni ataduras de inconsciencia.

Atrévete a dejar salir a la luz al caballero andante que vive en ti, al mitológico caballero águila, que un día se atrevió a soñar que podía volar y dominar el firmamento, al guerrero de la luz que anhela la victoria de la conquista de su interior, ¡la conquista de sí mismo!

Descubre en ti la sonrisa que transforma tu mundo, que genera por sí sola un amor eterno e infinito, el valor de un perdón genuino, que sale del corazón y tiene la capacidad de transformar la oscuridad en claridad, la prisión de un infierno de resentimientos en la magia y la libertad del perdón.

Así que, si vuelves a decir: "¡Señor, quítame lo bruto!", no dudes en escuchar tu corazón para escuchar la voz de Dios que te dice:

Lo bruto te lo tienes que quitar tú; la vida se encargará de brindarte las oportunidades, algunas disfrazadas de adversidad, otras que se presentarán como tal y que de ti dependerá no transformarlas en adversidad, en algo contrario a tus propósitos de crecimiento, felicidad y libertad. Las herramientas ya se encuentran depositadas en ti desde el principio del tiempo; descúbrelas y aplícalas. No dudes en consultar tu corazón cuando aparezca la incertidumbre y, sobre todo, jamás olvides que camino contigo, que vivo en ti.

Esto es lo que Dios te diría si tú aprendieras a escucharlo con el corazón.

¡Ah!, se me olvidaba decirte que el solo deseo de quitarte lo bruto, aun cuando de inicio lo hayas solicitado de la manera más cómoda y aparentemente accesible, representa tu señal para iniciar un camino de autotransformación y superación, que se puede comparar con el de una semilla sembrada que debe romper su dura cáscara para iniciar un proceso sorprendente de metamorfosis o cambio. Si la semilla pudiera hablar, probablemente asustada reclamaría a los cielos por la aparente protección que acaba de perder; si observara que, a pesar de sus gimoteos, lamentos, gritos y promesas de enmienda, comenzara a hundirse cada vez más, como la bellota cuando inicia su proceso de transformación, quizá se enojaría con los cielos, se sentiría presa del infortunio, pediría auxilio y en un grito desesperado pediría que Dios mismo le quitara lo bruta.

Pero la semilla no grita ni se desespera, sólo hace lo que tiene que hacer en el momento justo, como si adivinara que su estancia en la oscuridad y las tinieblas así como su descenso a lo profundo de la tierra le permitieran echar raíces para un día descubrir la luz, convertirse en roble y acariciar el cielo. Y es que la semilla jamás pierde el contacto con su sabiduría interior, con las señales que la naturaleza le brinda para lograr la milagrosa transformación de bellota a roble, de un simple huevo, del cual surge un ave diminuta, a un águila que surca el firmamento.

Te invito a que tú, en este viaje que inicias, nunca dejes de escuchar a tu corazón. No temas ni te acongojes cuando atravieses un túnel sin luz, un camino pantanoso, una noche oscura o un invierno frío y largo; tampoco cuando sientas que por más que luches todo es adverso y te hundes más, de igual manera que la bellota adivina que va a convertirse en un roble, recuerda que en lo más profundo de tu ser se encuentra una verdad inscrita, aquélla que te hace libre, eterno, invencible e inmortal; que te permite no sólo acariciar el cielo, como lo hace el roble cuando ha dejado atrás a la bellota, sino conquistarlo, hacerlo tuyo, pues tú eres un *ser humano*, tu esencia es divina, por tanto, cuando logres despojarte de las lápidas de fango, miedo, apegos y mentiras, podrás descubrir el diamante maravilloso que eres tú.

El deseo

Este libro es para ti si de todo corazón deseas un cambio en tu vida y transformarte en una mejor persona; si has buscado diferentes recursos para despojarte de todo aquello que te daña, te esclaviza, te hace dependiente y te hace vivir una existencia apagada, sin luz, siempre de espaldas a la vida, e incluso te hace dañar y destruir a quien más amas.

Este libro es para ti si ya has experimentado la dicha de una oración contestada y has percibido de una y mil formas la presencia y el amor infinito del Creador.

Tal vez el sentirte apapachado, único y especial te ha llevado a confundir a Dios con Santa Claus y pensar que la vida debe resolverse acorde con tus antojos, ignorando la sabiduría divina que guía al cosmos con orden y armonía, involucra a todos los seres vivos, a todos y cada uno de los hijos de Dios.

Quizá te has sentido abandonado, enojado y hasta resentido con el Creador cuando las cosas no salieron de acuerdo con tu solicitud, pero es que ahora te corresponde a ti caminar un trecho del camino para que logres descubrir tu verdad, la que te hace libre, y para transformarte en la persona que anhelas, que necesitas, que debes ser; debes desearlo con toda el alma, tomar la decisión de transformarte en una mejor persona.

Ten presente que cuando tomas una decisión ejerces el don más grande y maravilloso entregado por el Creador a su criatura amada: el libre albedrío, ya que cuando un hombre toma una decisión el universo entero se estremece y, a partir de ese momento, las cosas, las personas y las circunstancias que se requieren para llevar a cabo tu deseo comienzan a aparecer en tu vida como perlas engarzadas por la divina mano del Creador.

Tal vez sea un libro, un problema o una dificultad, pues no siempre las cosas aparecen como tú quieres, pero sí como las necesitas.

Este libro es para ti, para que sea tu compañero constante a partir de hoy que has tomado la decisión de iniciar un camino de autotransformación y libertad, que has tomado la firme decisión de convertirte en una mejor persona.

A partir de este momento el camino lo inicias solo. Por favor, no pienses que ello representa que Dios te ha dejado de su mano, que la adversidad que aparece ante ti es castigo divino y que la noche que experimentas en tu vida significa que Dios te ha abandonado. Al contrario, es tu oportunidad para descubrir quién eres.

Si todo te fuera entregado en la mano, si todas tus necesidades se encontraran cubiertas y todos tus caprichos concedidos solamente por el hecho de pedirlos, perderías tus instintos, te convertirías en una ovejita o en un borrego que se estremece de miedo cuando escucha un trueno o cuando aparece en el firmamento un rayo que anuncia una tempestad, en un borreguito que sólo hace lo que los demás hacen; jamás descubrirías el valor infinito que en ti se encuentra ni desarrollarías las virtudes que tienen que ser tus compañeras constantes, tampoco el vestido con que se arropa el alma para lograr atravesar el bosque encantado de la inconsciencia y conquistar la genuina libertad que le corresponde a la criatura más amada de Dios.

Sé que es difícil aprender, incluso darse cuenta de lo que acontece cuando te encuentras involucrado en la problemática, porque la misma inconsciencia nos impulsa a delegar errores y responsabilidades en los demás. Sería lo que Cristo Jesús describiría como: "Ver la paja en el ojo ajeno e ignorar la viga en el propio".

Es por ello que te voy a narrar una historia, la de Juan Salabim, el hombre que es todos los hombres del mundo, el hombre que eres tú mismo, tú misma.

Por favor, léela no sólo con los ojos del rostro, sino con los de la mente, del corazón y del espíritu, y descubre el potencial infinito que se encuentra en tu interior.

Introducción

Este relato novelado es sobre la enorme cantidad de pérdidas del protagonista, así como su camino de reencuentro consigo mismo, con los errores cometidos que, al ser reconocidos y enfrentados, le permiten encender la llama de la esperanza para reconstruir su vida, recuperar a su familia y cristalizar sus sueños más encumbrados.

En Juan Salabim, que es el personaje principal, podrás encontrar el reflejo de ti mismo, revivir pasajes de tu historia, incluso aquéllos que han permanecido de manera inconsciente dentro de ti y que, aun sin darte cuenta, te han llevado a convivir con el dolor, la amargura y el sufrimiento.

También con su historia podrás encontrar un sendero de reencuentro, no sólo contigo mismo, sino con los que más amas, incluso cuando ya hayan dejado este plano material; podrás encontrar también la magia y el milagro que te regala el genuino perdón, cuando se entrega desde el corazón del niño interior que todos llevamos dentro, y, de manera especial, aprenderás a percibir en lo grande y en lo pequeño, en lo finito y lo infinito la presencia y el amor indescriptible del Padre, que de mil formas y a cada momento te dice cuánto te ama.

Tal vez la lectura de este libro no te brinde la oportunidad de despojarte de lo bruto, en cuanto a su acepción de atarantado, no obstante, si tú lo permites, te proporcionará los elementos suficientes para transformar la opacidad de un

carbón en el más bello diamante; la oscuridad de la inconsciencia en una conciencia de luz y libertad, que te permita
descubrir quién eres en realidad y transformarte en lo que
puedes... en lo que debes ser.

Tu amiga
Raquel Levinstein

La decisión

Una mañana nublada y fría Juan Salabim se levantó de la cama y se dirigió al espejo. Su rostro reflejaba el de todos los hombres y de todas las mujeres. No tenía edad ni forma definida. Bien podía ser el rostro de un adolescente, de un anciano o hasta de un niño. En él se mostraban todos los sufrimientos del mundo: las culpas, los miedos, las angustias y los remordimientos; aquéllos que le recordaban todo lo que había hecho a lo largo de su existencia y, más aún, todo lo que había dejado de hacer en aras de la comodidad, la evasión y el miedo.

Juan Salabim era un hombre como cualquiera, un perfecto desconocido para el mundo, aun cuando el mundo entero vivía aprisionado dentro de él. Tenía una familia, una historia o, más bien, muchas historias que contar. Pero eran tantas y tantas las formas en las que había disfrazado su identidad, tantos los rostros y las máscaras con las que había maquillado su miedo e inseguridad, tantas las mentiras con las que había tratado de ocultar sus fallas y errores, y tantas otras con las que había tratado de inventar el personaje que deseaba ser que se olvidaba de lo que él era en realidad.

Poco a poco la memoria se le fue despejando en la noche, como en tantas otras en las que tenía problemas y se había refugiado en el alcohol, que *ingeniosamente*, como él mismo lo consideraba, había mezclado con ciertas drogas para sentirse bien, al fin que, como él se lo repetía mil veces, podía dejar todo esto cuando quisiera.

En su soberbia e inconsciencia pensaba que él era diferente, que podía dejar todo eso cuando lo quisiera. Se sentía listo y más inteligente que los demás cuando por utilizar pastillas para adelgazar o cualquier tipo de estimulantes la gente le expresaba lo bien que lucía al estar tan delgado.

Se sentía bien cuando alguien lo halagaba por su enorme capacidad para soportar larguísimas jornadas de trabajo sin descanso, a veces sacrificando hasta las horas de sueño. Había aprendido a reprimir sus emociones ahogándolas en alcohol o callándolas con enormes atracones de comida, porque eso lo hacía aparecer siempre ecuánime ante los demás, o al menos eso creía.

Pero el caso es que apenas ayer le habían notificado, en la empresa a la que había dedicado toda una vida de trabajo y entrega, que se quedaba sin empleo, que sus servicios ya no eran útiles para la empresa y que él sólo encabezaba la larga lista de los empleados despedidos en este primer recorte que la compañía realizaba en un intento desesperado por mantenerse a flote en tiempos de crisis, sin considerar, como suelen las personas, grupos e instituciones inconscientes, que lo mejor que posee una empresa es su propia gente.

Por si fuera poco, ayer mismo su esposa le había pedido el divorcio y sus hijos, a los que conocía mejor en fotografía que en la realidad, se mostraban siempre silenciosos e indiferentes ante su presencia, pues sus largas y continuas jornadas de trabajo le habían impedido compartir con ellos, con su familia, los mejores momentos, incluso sus primeros pasos y los festivales en la escuela.

Juan Salabim recordaba que en aquellos tiempos todo lo que no favoreciera su intento por hacerse rico y ser importante y, ¿por qué no?, imprescindible para la empresa, incluso famoso en ésta, le parecía trivial y hasta molesto.

En esos momentos de enfrentamiento con los hechos que le hacían ver que su mundo se desmoronaba pensó en platicar con algún amigo, pero bruscamente se detuvo antes de hacerlo. La memoria que poblaba de recuerdos su mente le hacía evocar la enorme lista de personas y personajes a los que sólo había utilizado en aras de sus relaciones laborales o como compañeros de parranda y francachelas en las que había conocido tantas y tantas mujeres.

Estas imágenes le recordaron sus constantes infidelidades y el continuo reclamo de las mujeres que pretendieron sentirse amadas por el importante ejecutivo, mujeres sin nombre, sin historia.

Quiso salir corriendo y manejar su auto a toda velocidad en la carretera que le quedaba más cercana. Un recuerdo más lo desplomó y lo hizo caer de bruces en la mullida alfombra de su habitación: también el auto deportivo que le había servido de transporte y que cada año, sin falta, era renovado por el último modelo había sido recogido por la empresa.

Sintió pena por él mismo, por estar tirado en el piso derrotado, aplastado por un alud de recuerdos, de culpas y reproches que surgían desde lo más profundo de su corazón. Se sintió más avergonzado cuando recapacitó sobre la causa que lo impulsó al suelo como un relámpago: ¡la pérdida de su carro!

Le dio pena que fuera esa pérdida material la que le había hecho sentir el impacto de la derrota y no la pérdida de sus hijos, de su esposa, de su familia. Tal vez esto era porque, sin darse cuenta, a ellos los había perdido tiempo atrás. Quizá la pérdida había sido tan paulatina que nunca se percató de que ya hacía tiempo que los había extraviado.

Las pérdidas eran tantas y tan cuantiosas que Juan Salabim sintió que el mundo se desplomaba sobre él. Quiso refugiarse una vez más en el alcohol, tomarse alguno de los medicamentos que de forma temporal lo hacían sentirse mejor, pero esta vez no tenía fuerzas ni para ponerse de pie. El rostro, que hacía apenas un rato le había mostrado el espejo, reflejaba tal angustia que sintió miedo de tan sólo imaginar el infierno que experimentaría después de la sensación pasajera de bienestar que le propiciaba el alcohol y la droga.

No había vuelta de hoja, ahí estaba Juan Salabim solo frente a sus miedos, sus pérdidas y sus culpas. No tenía más camino frente a sí y debía elegir entre repetir la sarta de errores y evasiones que había realizado a lo largo de toda la vida o iniciar un cambio... una transformación.

Y si bien era cierto que Juan Salabim no tenía claro lo que quería, lo que pretendía lograr, sí era desesperadamente claro para él que el infierno que estaba experimentando y que tantas veces había deseado evadir abriendo puertas falsas ya no lo quería sufrir más, ya no quería dañar a quien más amaba, ya no quería continuar en esa carrera loca de autodestrucción y culpa: Juan Salabim ¡ya no quería sufrir!

Gritó tantas veces que se quedó afónico: "¡Ya no quiero sufrir!, ¡ya no quiero sufrir!" En su desesperación, sin darse cuenta, Juan Salabim había tomado una decisión, aquélla que había surgido de la desesperación y la derrota: la simple decisión de ya no querer sufrir. No sabía a ciencia cierta lo que quería, lo único que resultaba claro es que ya no quería sufrir.

El mundo que se encontraba prisionero dentro de él se estremeció y el cosmos que le observaba desde el infinito se conmovió. Ahí estaba Juan Salabim, quien había tomado una decisión.

El equipaje

Juan Salabim sintió el impulso de alejarse de todo aquello que le recordaba sus pérdidas y fracasos. Quiso despedirse de su familia, sin embargo, se detuvo en seco cuando se percató de que la casa se encontraba vacía: sus hijos y su esposa no se encontraban ahí.

Juan Salabim experimentó la angustia y la desesperación como nunca antes. No recordaba cuándo y a dónde habían partido ni siquiera recordaba haberse despedido de ellos; no sabía dónde buscarlos ni con quién comunicarse para saber sobre su paradero.

Como loco los buscaba por cada habitación, por cada rincón de la casa vacía, que representaba el frío y la soledad de un viejo castillo abandonado que lo hacía sentir prisionero, un condenado encarcelado en viejas mazmorras encadenado a un grillete que le desgarraba hasta el alma y lo ataba tan fuerte como su pasado. Y el castillo o lo que aparentaba serlo, que, a pesar de parecer inmenso, lo aprisionaba, lo asfixiaba, como una lápida cargada a la espalda durante una eternidad.

Todo a su alrededor parecía una fantasía sacada del averno. Cada rincón olía a miedo, y gritaba ausencia y soledad. Todo parecía sacado de un cuento de horror. Lo único real, la verdad contundente que estaba frente a Juan Salabim, era que su familia no se encontraba en casa.

No obstante, todas las cosas de ellos, sus pertenencias, los clósets repletos, los juguetes abandonados en la sala y el jardín le hacían suponer que tenían que regresar.

Pensó en prepararse un café y esperar su regreso para hablar. Había tantas cosas por aclarar, tantas otras por cambiar, pero Juan Salabim tenía miedo de tenerlos frente a frente, de prometer cambios como tantas otras veces y de recaer, volver a fallar. Además, en esta ocasión, Juan Salabim pensaba que no tenía nada que ofrecer. Apenas ayer se había quedado sin chamba y hasta sin carro.

Juan Salabim experimentó tal angustia que corriendo se dirigió hacia donde tenía su guardadito de píldoras y alcohol, pero, esta vez, al tenerlas en sus manos su primer impulso fue vaciarlas en la taza del baño. Al jalar la manija del tanque del excusado y observar que el puñado de pastillas y el alcohol se iban sin remedio, experimentó una angustia mayor, aunque también una inexplicable sensación de alivio y paz desconocida por él hasta ese momento.

Era como si se hubiera liberado de lápidas y piedras que había cargado en la espalda por toda una eternidad. Ese vacío debía llenarlo con algo. En medio de su confusión y dolor pensó en hacer su equipaje; quería alejarse de ese lugar donde cada espacio le reclamaba sus continuas y prolongadas ausencias, su estar y no estar, su indiferencia y hastío. Juan Salabim quería fugarse aun cuando sólo fuera de un lugar a otro.

Juan Salabim tenía miedo de que los muros hablaran, de que le reclamaran sus ausencias y hasta los pensamientos que había cobijado en sus breves estancias en lo que su esposa y sus hijos llamaban hogar.

Casi sin darse cuenta, Juan Salabim se encontraba sacando enormes maletas de su armario: trajes, corbatas, diversos artículos de tocador. Todo lo hacía de forma automática. A él no le costaba ningún esfuerzo empacar, estaba tan acostumbrado a viajar.

Pero esta vez Juan Salabim se detuvo como frenado por un rayo; se dio cuenta de que todas esas cosas que tenía frente a sí en esta ocasión no le servirían, sino que serían un estorbo. Esta vez el viaje que iniciaba era diferente. Todas esas cosas ostentosas y lujosas no le servirían, le estorbarían como una carga, una más de las que ya no podía, ni quería soportar.

Como autómata se dirigió hacia el piso superior, donde se encontraba el cuarto de triques. Con inseguridad abrió la puerta de éste; ahí se encontraban almacenados cuadros y muebles viejos. Había también un viejo baúl de tamaño regular que su madre antes de morir le había entregado a él en su mano cuando apenas era un niño.

Sintió vergüenza al percatarse de que jamás había abierto ese legado que, con el sólo hecho de verlo, le traía tantos recuerdos, recuerdos de una niñez perdida, desde aquéllos de la época de la muerte de su madre, en la que temporalmente tuvo que dejar la escuela para ponerse a trabajar y así ayudar a su familia, hasta aquéllos que se perdieron en su niñez.

Tener el cofre frente a sí le traía tantos recuerdos, como el hecho de jamás haber querido abrirlo. Hoy reconocía que la verdad siempre le había dado miedo enfrentar el ayer. Cuando su madre murió sintió rabia, coraje que le causaban mucha culpa, pues aun cuando en su limitado razonamiento de niño *comprendía* que ella había muerto, en su corazón infantil sólo había reclamos y reproches por esa ausencia que le desgarraba el alma, que le partía el corazón.

El Juan Salabim de aquel entonces se sentía abandonado y traicionado por ese ser que tanto amaba y que tanta falta le había hecho cuando él apenas era un niño de escasos 10 años de edad, y a decir verdad le había hecho falta cada día de su vida.

Había también en ese lugar muchos recuerdos y juguetes de sus hijos de cuando eran más pequeños. Al tener aquellos objetos tan cerca, Juan Salabim experimentó la sensación de un balde de agua fría que recorría todo su cuerpo, como si escuchara un reclamo silencioso que le recordaba que él también había abandonado a sus hijos, y él ni siquiera tenía la excusa de estar muerto, ¿o sí?; ¿acaso estaba muerto y él mismo lo ignoraba?

Como un niño pequeño, Juan Salabim se sentó en el piso y, desolado con las manos en el rostro, comenzó a llorar. La habitación le pareció oscura y triste y se vio a sí mismo, como tantas veces de niño, en una habitación fría y oscura donde había llorado sus miedos, sus culpas y vergüenzas cuando tantas veces había necesitado la presencia de alguien amoroso, alguien que lo hiciera sentir importante, que lo hiciera saber que todo estaba bien; cuando sus gritos silenciosos no eran escuchados por alguien; cuando sus propias lágrimas eran su cobija y el miedo su compañero constante.

Como si volviera a experimentar la pena de aquel entonces, Juan Salabim detuvo su llanto y se puso de pie. Bien que había aprendido que *los hombres no deben llorar*. Con los ojos aún nublados por el llanto percibió en un rincón la imagen de una alforja parecida a la maleta que usan los carteros, sin pensarlo la colocó en su hombro y como por inercia comenzó a llenarla con objetos que a simple vista parecían absurdos: un discreto y raído costal de lona que contenía siete canicas, cada una de color diferente como los colores del arcoíris, y una más grande y bonita que parecía una diminuta bola de cristal en la cual se reflejaban todos los colores; un viejo palo de escoba que en sus años de infancia había servido de corcel. Juan Salabim recordaba que con el tiempo ese palo había sido recortado a la mitad y además pulido y barnizado, para pegarle a las piñatas en las posadas decembrinas que se realizaban en su casa y que su esposa había intentado convertir en tradición.

Estos recuerdos le habían hecho sentir mal una vez más a Juan Salabim, pues se percató de que él siempre tenía algún buen pretexto, una buena excusa para estar ausente en las posadas de los niños y en las reuniones familiares que tanto le aburrían. Para justificar sus ausencias intentó convencerse a sí mismo de que esas fechas eran temporada de brindis, relaciones y negocios… "Francachelas y desmanes", le gritó en silencio su propia conciencia.

Juan Salabim prefirió evadir aquellos recuerdos que lo llenaban de culpabilidad y vergüenza, y de manera instintiva estiró la mano para guardar en su alforja una espada de plástico que durante algún tiempo había sido el juguete preferido de su hijo mayor. Recordó cuántas veces el pequeño lo había invitado a jugar con ella, mismas que de forma sistemática había rechazado porque tenía cosas importantes que hacer o se moría de sueño y de cansancio.

Como un alud los recuerdos poblaron su mente. Como si le proyectaran una película antigua comenzó a observar cuando Juanito, su hijo mayor, se enfrentaba a monstruos y fantasmas imaginarios empuñando la famosa espada a la que él mismo había bautizado como *la espada del valor y la verdad*, con la que el niño se sentía valeroso e invencible.

Juan Salabim sacó la espada de la alforja y la empuñó en ademán de combate, como cuando su hijo Juanito luchaba contra los monstruos invisibles que su fantasía infantil le permitía observar. Juan Salabim se espantó cuando la espada se encendió como lámpara incandescente al ser elevada en señal de batalla; era como un rayo láser que se activaba precisamente en el momento en que la espada se empuñaba en señal de combate.

Esta reacción produjo en Juan Salabim una sonrisa, quizá la primera espontánea e ingenua durante mucho, mucho tiempo. Enseguida extrajo del baúl que le había regalado su madre una alcancía vieja que ella le había heredado antes de morir, cuyo contenido le dijo que le serviría cuando fuera mayor, para los tiempos difíciles.

Juan Salabim durante un largo lapso mantuvo estrechada la alcancía junto a su pecho y su corazón, como intentando abrazar aquel rostro amado, y en silencio intentaba platicar con su madre diciéndole: "Mamá, los tiempos difíciles han sido todos los días desde tu partida, desde que tú no estás, mas sólo hasta hoy me doy cuenta de ello; hoy, aunque sea por una sola vez, no le reclamo a la vida tu ausencia y, de forma extraña, no estoy enojado contigo porque ya no estás".

"Pero ¿verdad que sí estás conmigo, que sí escuchas lo que te digo, que no te has ido del todo, mamita?", decía Juan Salabim en silencio, a manera de una oración que pretende traspasar el infinito. Pero Juan Salabim, como otras tantas veces, cuando ahogado de borracho, embrutecido por la droga y el alcohol había intentado establecer un diálogo con su madre, no obtenía respuesta alguna. El silencio lo apabullaba, le estremecía el corazón. Se sintió ridículo y se enjugó las lágrimas con la mano, y en voz alta dijo: "Vaya, mamá, creo que los tiempos difíciles no los puedo evadir más; es el momento de enfrentar el dolor, de abrir la vieja alcancía, tan vieja como mi dolor".

Sin prestar atención al contenido, Juan Salabim vació la alcancía en un desteñido paliacate que se encontraba a la mano y que, ahora recordaba, le había servido como parte del disfraz que llevaba para el bailable del Día de las Madres en el primer año de su partida. Los ojos se le llenaron una vez más de lágrimas, pues recordó que en esa ocasión su madre se encontraba ausente, a diferencia de los años anteriores en los que siempre la había visto en las filas de adelante aplaudiendo y estimulando cualquier cosa que él hacía o decía.

Recordó también que alguien le había dicho en aquella ocasión que su mamá se encontraba en el cielo y desde ahí lo observaba y le aplaudía como siempre, sólo que él entonces tenía que percibirla con los ojos del corazón.

Juan Salabim no entendía en aquel entonces, tampoco entendía ahora, cómo era posible ver con los ojos del corazón lo que nadie puede, cómo sentirse feliz cuando ella, su madre adorada, ya no se encontraba con él.

¡Cuántos recuerdos, cuánto dolor, cuánta soledad!

Juan Salabim ya no quiso seguir recordando. Se apresuró a revisar la alforja que le servía de equipaje y se percató de que ésta era un tanto extraña, pero en realidad era más extraño lo que estaba experimentando, y más aún el viaje sin rumbo definido que pretendía realizar.

Fue a la cocina y tomó algunas frutas, un pedazo de queso y galletas para guardar en su alforja; también empacó algunas botellas de agua. Después dedicó unas breves líneas a su esposa e hijos, a las que agregó el cheque con el que lo habían indemnizado y otro por la cantidad íntegra que a lo largo de mucho tiempo él había guardado en el banco y cuya existencia nadie conocía.

Una vez más Juan Salabim se sintió mal, pues, a pesar de que la cantidad que le dejaba a su familia era importante en el ámbito material, su corazón le decía que eso que les dejaba era muy poco, nada en realidad.

Juan Salabim sintió que la conciencia le recriminaba el abandonar de esa manera a su familia, pero, como si tratara de justificar su decisión, se decía:

¿Acaso no la había abandonado ya desde hacía tiempo? Mas creo que por esta ocasión no los abandono del todo, pues, a pesar de mi ausencia física, a la que ya deben estar acostumbrados, por primera vez los llevo conmigo en cada pensamiento y en mi corazón, y reconozco y acepto que ellos son lo más importante de mi vida, que son lo que más amo, mi razón de existir; ya no quiero dañarlos ni hacerlos sufrir más.

Antes de salir Juan dirigió los pasos hacia su recámara y tomó la fotografía en la que se encontraban los cuatro juntos: su amadísima esposa, los hijos de su corazón y él. Era la foto familiar que tomaron un día en el que Eva, su esposa, se las había ingeniado para que posaran juntos en un cumpleaños de él, ocasión que, como tantas veces, ella había querido festejar, pero él se las había ingeniado para escapar. Sólo quedaba impreso el recuerdo de aquel fallido intento en esa fotografía, que ahora era su más grande tesoro, misma que colocó con sumo cuidado en la bolsita secreta de la alforja que le servía como portaequipaje; el equipaje que más parecía el de un niño dispuesto a jugar que el de un hombre que había tomado la decisión de convertirse en una mejor persona, de transformarse en un hombre, uno de verdad.

El inicio del viaje

Juan Salabim caminaba por la carretera y contemplaba el azul con el que el cielo se vestía en esa mañana especial. Atraían de forma poderosa su atención las diferentes formas que las nubes adoptaban de un momento a otro y, cosa curiosa, sentía que disfrutaba el silencio de esos parajes en los largos tramos en los que no pasaba vehículo alguno. Escuchaba embelesado el sonido que hacía el viento al danzar con las hojas de los árboles y al acariciar su rostro. Parecía que tenía mil secretos que contarle, secretos que parecían confundirse con el bullicio del trino de las aves.

Había tantas cosas por observar, por descubrir, que Juan Salabim se sorprendió al percatarse de que ese mismo camino lo había recorrido durante años día tras día en su vehículo deportivo, pretendiendo ganarle la carrera al viento y hasta al tiempo. Qué tonto y absurdo se sintió en ese momento en el que recordaba sus prisas cotidianas, su incapacidad para detenerse, aunque fuera por un solo instante, para saludar al día, al sol que en ese amanecer, como cada día, acariciaba su rostro y le regalaba dadivoso luz y calor.

Juan Salabim se sorprendió al darse cuenta de que la vida se entrega con generosidad a cada instante y que no es el cúmulo de años lo que le da sentido a la existencia, sino la capacidad de darse cuenta de que se está vivo, de detenerse un momento para percibir las cosas de la vida pequeñas en apariencia, pero que en su lenguaje peculiar hablan de la grandeza del Creador. Juan Salabim en tanto tiempo nunca antes había percibido lo que ahora veía ni escuchado lo que hoy escuchaba.

Era tan profundo su cavilar que pasó distraído frente a un anciano, cuya sombra pisó sin darse cuenta. El anciano lo llamó por su nombre y le preguntó: "Juan Salabim, ¿a dónde vas?" Juan Salabim volteó sorprendido y le dijo: "¿Cómo es que sabes mi nombre?". El anciano respondió: "Juan Salabim, tu nombre es el nombre de todos los hombres, y tú eres el hombre que eres, el que ha sido y el que será."

Juan Salabim no acababa de salir de su sorpresa, mucho menos entendía lo que el anciano le decía. Sólo atinó a sentarse junto a él, al fin que ese día no tenía prisa alguna. Ni siquiera sabía hacia dónde quería dirigir sus pasos; no tenía un rumbo fijo o un lugar a donde llegar.

En su interior Juan Salabim se cuestionaba un tanto inquieto, con gran incertidumbre: "¿No es este anciano el que aparece en casi todos los cuentos de hadas; no será un rey disfrazado de mendigo o un gran sabio que tiene algo importante que revelarme o tal vez un tesoro que regalarme?", agregó Juan Salabim.

Casi al instante Juan Salabim soltó una sonora carcajada y en silencio se dijo a sí mismo: "Qué te pasa, Juan, pareces niño pensando en tonterías, soñando con los Reyes Magos. ¿No te das cuenta de que este viejillo no es más que un pobre teporocho que padece una cruda?"

Estas últimas palabras lo hicieron estremecer. ¿Acaso él mismo no estaba también experimentando los crudos efectos de una resaca, una cruda, no sólo por el alcohol y las drogas con las que había pretendido evadir la demanda de divorcio de su esposa y la liquidación de su empresa, sino una cruda del alma, una resaca del corazón?

¿Acaso él no conocía bien los efectos posteriores a una borrachera?, Juan Salabim, si bien se sintió avergonzado, de inmediato, tal como era su habitual costumbre, trató de evadir, de minimizar el impacto de enfrentar sus debilidades. En silencio, agregó: "No puedo negar que este pobre hombre se parece a mí cuando estoy crudo, pero la verdad es que este cuate sí que está peor que yo".

Para intentar borrar todos esos pensamientos, Juan Salabim se sentó junto al anciano, sacó una fruta de su alforja y se la ofreció con gentileza aunada a una sonrisa. El anciano se acercó a Juan Salabim para recibir la fruta que éste le ofrecía, la tomó entre sus manos sucias y polvorientas, que no mostraban ni el más mínimo rasgo de pulcritud e higiene. Al tenerlo tan cerca, Juan Salabim percibió un desagradable olor que emanaba del anciano y se dijo para sí: "¡Ay!, Juan Salabim, Juan Salabim, por si todavía te quedaba alguna duda de que este anciano fuera un rey o un gran sabio disfrazado de mendigo, aquí tienes la triste realidad".

Juan Salabim continuó con su diálogo interno y agregó: "Será mejor que te mantengas alerta, no vaya a ser un asaltante, un gancho para despistar; no vaya a ser que alrededor se encuentren escondidos sus cómplices. Creo que será mejor que te vayas".

Juan Salabim se sintió atemorizado y ridículo ante la posibilidad de un asalto, pues, si bien sabía que sus posesiones eran escasas, también advertía que esto hacía enojar a los asaltantes, que incluso llegaban a matar cuando no obtenían lo que pretendían y él no tenía con qué defenderse. Ni modo que frente a un grupo de delincuentes bien organizados sacara la espadita de plástico de Juanito, su hijo mayor, o que los agarrara a palazos con el viejo palo que en su temprana infancia le había servido de corcel.

Hasta tuvo ganas de botar su alforja, pero se detuvo al instante; bien que mal ahí llevaba algo de agua y alimentos y, sobre todo, la fotografía de su familia, que era su mayor tesoro.

Como si el anciano adivinara sus pensamientos le dijo: "Juan Salabim, ¿por qué tienes tanto miedo; de qué o de quién pretendes huir; hacia dónde quieres ir? ¿Qué te amenaza de mi presencia; acaso te asusta la posibilidad de lo que puedo ser o lo que soy? ¿No te das cuenta de que lo que ves en mí no es sino el reflejo fiel de lo que eres tú mismo?"

Juan Salabim no sabía qué responder. Estaba sorprendido e impactado por el alud de preguntas que le hacía el anciano, preguntas que parecían no tener respuesta. El anciano prosiguió: "¿Qué puedo robarte yo, Juan Salabim? Acaso, ¿no eres tú mismo un ladrón; no has sido tú el propio ladrón del bienestar de tu familia, de tus valores y virtudes y hasta de tus sueños?"

"¿Cómo es que tú sabes todo esto?", respondió más sorprendido que molesto Juan Salabim, a lo que el anciano contestó: "Qué bien se nota que apenas inicias tu viaje; que no sabes ni lo que eres, mucho menos lo que puedes ser; tampoco sabes a dónde vas ni dónde te encuentras".

Juan Salabim sólo atinaba a mirar con ojos desorbitados al anciano, no lograba entender cómo era posible que un simple teporocho supiera más de lo que él mismo pretendía saber.

El anciano agregó: "Mira bien, Juan Salabim, lo que ves a tu alrededor es el reflejo de lo que tú mismo eres; lo que eres es reflejo de lo que ves, o más bien, de lo que quieres ver".

Las palabras del anciano sólo lograban confundir más a Juan Salabim, quien no lograba salir de su asombro y del temor que experimentaba en su corazón. Para disimular su miedo, Juan Salabim no le respondió al anciano, sólo atinó a preguntarle su nombre, a lo que éste respondió: "Me llamo Juan, Juan sin Apellido".

Aún más sorprendido Juan Salabim le dijo: "¿Juan?, ¡Juan!, ¿como yo?"

El anciano respondió: "¿Acaso no te nombran Juan Salabim? Tu nombre es un nombre común, pero tu apellido tiene magia, en cambio, yo me llamo sólo Juan, Juan sin Apellido, el desposeído, el que todo perdió."

"¿Que mi apellido tiene magia? –decía para sí Juan Salabim–, claro, como él nunca tuvo que soportar las mofas de sus compañeros de escuela ni las cancioncitas burlonas cuando repetían a coro: 'Juan Salabim, a la bimm, bimm, bimm; Juan Salabam, a la bamm, bamm, bamm; Juan Salabam, a la bimm, a la bamm... entre todos te vamos a pambear'"

Y enseguida todos en bandada se le aventaban encima para darle pamba china. Cuántas veces había tenido que salir corriendo a esconderse en algún sitio oscuro y solitario, que tragarse sus lágrimas para no ser escuchado por los montoneros, o había invocado a su madre muerta, quien no respondía a sus gritos silenciosos. Cuántas veces ya siendo hombre había llorado en secreto cuando alguien se burlaba de su apellido o cuando sentía que todos estaban en su contra.

Juan Salabim iba a reclamarle al anciano el que pensara que su nombre tenía magia, pero grande fue su sorpresa cuando se percató de que el anciano ya no estaba frente a él.

Enojado con la vida

Juan Salabim sintió miedo cuando percibió la ausencia del anciano en la oscuridad y en medio de aquel bosque que él desconocía a pesar de la cercanía y colindancia con su casa. Nunca había tenido tiempo para internarse en él; jamás se había aventurado a conocer sus caminos. Más sorprendido quedó Juan Salabim cuando se percató de que ya era de noche. Ignoraba cuánto tiempo había transcurrido desde que salió de su casa y durante su charla con el anciano, con Juan sin Apellido. Lo que sí recordaba era que aún era de día cuando salió de su casa, incluso había claridad cuando se topó con el anciano, y en un abrir y cerrar de ojos ¡ya era de noche! "Sin duda –se dijo Juan Salabim– de ahora en adelante tendré que voltear con más frecuencia al cielo, fijarme en la posición del sol en el firmamento, para que la noche no me sorprenda como en esta ocasión".

Juan Salabim pensó en regresar a casa, pero ¡no!, la decisión ya estaba tomada. También pensó en regresar a la carretera, pero sintió miedo y prefirió adentrarse en el bosque y buscar un lugar donde pasar la noche, la cual parecía oscura y el bosque inhabitable.

Juan escuchaba ruidos que le atemorizaban: el crujir de las ramas, los sonidos de los animales del bosque, el ruido que provocaban sus pasos sobre las hojas secas y, sobre todo, el ruido del silencio, de su soledad.

Juan Salabim ya no pudo más y cayó arrodillado en el piso húmedo de esa noche invernal. Comenzó a llorar todas sus pérdidas, sus fracasos y la deplorable condición en la que se encontraba: sin rumbo hacia dónde dirigir sus pasos; sin trabajo, dinero, familia, madre, pero eso sí, con mucho, mucho miedo.

Ese desamparo y ese llanto amargo ya lo había experimentado tantas veces, desde su infancia, cuando apenas siendo un niño de 10 años había perdido a su madre tras una larga y penosa enfermedad. Esos ruidos y esas sombras que ahora percibía eran los mismos que percibía en sus noches de soledad cuando nadie escuchaba su llanto ni parecía entender lo que le atemorizaba, lo que le hacía sentir tan mal.

Juan Salabim quiso invocar a Dios para pedirle ayuda, un poco de misericordia, de piedad, pero acaso no fue Él quien se había llevado a su madre a ese sitio que todos llaman cielo, a ese lugar en el que jamás se percibe una respuesta, en el que es imposible ver y tocar lo que tanto se ama y se necesita. Acaso no Dios mismo permanecía siempre callado y oculto, ajeno a todas las necesidades de sus hijos… "¿Sus hijos –se cuestionó Juan Salabim–, no serán más bien sus creaciones con las que se divierte a su antojo, a las que pone y quita sin consideración?"

Cómo le laceraban el alma a Juan Salabim los recuerdos de aquel día fatídico en el que su madre había muerto y alguien que sólo pretendía consolarlo, ignorando cómo perciben los mensajes los niños, le dijo: "Juan, a tu mamá se la llevó Dios; fue su voluntad llevársela y ahora está en el cielo junto a Él".

Parecía que le habían dicho que el Coco se había llevado a su mamá. ¡Sí!, claro que estaba enojado con Dios y con su mamá. Con Dios por haberse llevado lo que más amaba, y con su mamá por haberlo abandonado así como así. Lleno de furia se desgarró la camisa, pateó las hojas que estaban en el suelo, golpeó los árboles que se encontraban a su alrededor y se enojó aún más con Dios. Sin duda Juan Salabim se encontraba peleado con él mismo, con su madre, con la vida y con Dios.

Llorando como un niño pequeño y lanzando sus gritos al viento repetía: "Esto es lo que querías, verdad, señor Dios. ¿Para eso me trajiste al mundo, para divertirte con mi dolor, con mis sufrimientos; para despojarme de todo; para verme temblando como un niño? ¿Dónde estás? ¿Por qué no respondes? ¡Ven y pelea!, ¡ya no te tengo miedo!, ya todo me quitaste, no tengo nada que perder".

Como si su enojo y el desafío a Dios lo hicieran estremecerse y llenarse de culpa recapacitó y agregó en voz baja: "La verdad es que sí te tengo miedo, mucho miedo, pero estoy enojado contigo. ¿Cómo es posible que pueda existir un Dios tan cruel, que me obligue a buscarlo cuando lo necesito tanto y se esconda, que nunca se muestre, que nunca responda; un Dios que amo, odio y necesito con todas las fuerzas de mi corazón?"

La noche pareció hacerse más negra, más oscura, y la soledad y el miedo crecieron. Como niño pequeño, Juan Salabim se acurrucó en el piso bajo las ramas de un enorme árbol y ahogado en llanto, gimiendo como un bebé, decía una y otra vez: "Mamá, mamá, ¿dónde estás?, ¿por qué no vienes?, ¿por qué no vienes, mamá?"

El frío parecía congelar sus huesos. Recordó que no llevaba cobija alguna. Muerto de miedo y desolación, tomó su valija, se recostó en el suelo y volteó al cielo queriendo encontrar una respuesta a sus inquietudes, una compañía y cobijo. Como por acto de magia las nubes se disiparon y apareció en el firmamento una luna llena que irradió con luz el lugar y hasta parecía sonreírle. Conforme las nubes se iban disipando, las estrellas comenzaron a poblar el firmamento como diciendo: "Juan Salabim, nada está perdido; todo te pertenece, pero tienes que encontrarlo; mira, el manto estrellado no es sino el techo de tu hogar".

Juan Salabim, sin saber por qué se sintió confortado, pero aun así, dirigiéndose a Dios, a su madre, y a sí mismo, dijo: "Por lo menos la luna y las estrellas parecen contestar y hasta consolarme en mi inmensa soledad, no como otros, que mientras más se les llama, más se esconden, que mientras más se les necesita, menos responden".

Así, enojado con la vida, el sueño sorprendió a Juan Salabim, y en menos de lo que canta un gallo se quedó profundamente dormido bajo el cobijo del manto estrellado, que disipaba la oscuridad y le hacía olvidar de forma temporal que estaba enojado, muy enojado con la vida.

El reencuentro

Juan Salabim se quedó profundamente dormido y en su sueño vio a un ángel de rasgos femeninos que bajaba del cielo, lo besaba en la frente y lo invitaba a viajar con dirección a las estrellas. Juan Salabim accedió de inmediato y de buena gana, pues sabía que las estrellas se encontraban en el cielo, y ése era el lugar preciso donde toda la gente que conocía le había dicho que se encontraba su madre después de su partida material.

En su sueño, Juan Salabim, confiado y tomado de la mano de ese ángel misterioso, inició el trayecto rumbo a las estrellas suspendido en el aire. Él también experimentó la sensación de ser un ángel que viajaba ligero.

Todo lo que observaba lo maravillaba: las estrellas irradiaban luces como hilos de plata y oro, que como serpentinas de luz, se dirigían hacia ellos; de los lugares más oscuros parecían brotar millones de estrellas diminutas.

A su lado pasó un cometa a una velocidad impresionante, y, como si el ángel adivinara los deseos de Juan Salabim, lo detuvo haciendo un ademán de alto, como si le hiciera la parada a un autobús; lo más sorprendente fue cuando el cometa se detuvo y esperó a que ellos se montaran en su cauda y enseguida continuó su viaje hacia lo que parecía ser un túnel infinito de luz radiante.

Juan Salabim quiso darle las gracias a su extraño guía; al dirigir la mirada hacia el ángel se quedó como petrificado, pues percibió en su rostro la cara de su madre. Juan Salabim ya no pudo más, con la voz un tanto apagada por el llanto, se dirigió al ángel y le dijo: "Mamá, ¿eres tú?"

Antes de obtener respuesta alguna Juan Salabim se estremeció y quedó aún más sorprendido ya que se dio cuenta de que él ya no mostraba la imagen de un hombre, sino la de un niño, uno de escasos 10 años, que se sentía amado y protegido como hacía ya mucho tiempo no lo experimentaba, tanto que en sus recuerdos de hombre no encontraba una sensación similar a la que ahora lo embargaba.

El ángel lo abrazó con fuerza y con infinita ternura le dijo: "Sí, mi niño, sí, mi amor; soy yo tu madre, que jamás te ha abandonado, ¡por fin te das cuenta de quién soy! Desde mi partida material mil veces te he besado en la frente y mil veces te he dicho: '¡Te amo!'"

En esos momentos las estrellas parecían danzar al ritmo de la melodía más dulce que brotaba del reencuentro de una madre con su hijo. Era la melodía más exquisita y hermosa, la que hacía estremecer al universo entero; una melodía de amor, del amor más grande e infinito, del más parecido al amor de Dios, que no pide algo a cambio, que no manipula, chantajea o utiliza. Era el amor que emanaba del reencuentro de un hijo con una madre en la dimensión de las estrellas y los sueños.

Juanito pequeño no dejaba de llorar abrazado al corazón de su madre, quien cariñosa le acariciaba la frente y lo besaba con inmenso amor diciendo a la vez: "Mi pequeño Juan, mi niño adorado, no estás solo, nunca lo has estado, pues aun en las noches más oscuras y largas, cuando has experimentado la mayor soledad y el más grande de los vacíos, el Señor, nuestro Creador me ha permitido permanecer a tu lado; incluso me regaló la forma y la misión de un ángel, ¡tu ángel, mi niño!, ¡tu ángel, mi amor!", exclamó su madre.

El niño, que ya había dejado de llorar y permanecía abrazado a su madre, le preguntó con los ojos desorbitados por la magnitud de la sorpresa que le causaba saber que ese ser tan amado jamás había permanecido lejos de él, que era su ángel. "¿Mi ángel, mamá?", preguntó Juan Salabim. "Sí, mi niño, sí, mi amor –contestó la madre, y continuó diciendo–. Yo soy tu ángel, el de todos los que amé y me amaron".

La mirada desorbitada de Juan Salabim le hizo comprender que éste tenía todavía muchas preguntas por hacer, muchas dudas que esclarecer, por lo que, sin dejar de abrazarlo ni de acariciar su frente, continuó diciendo:

Sólo que no me ves y no me escuchas porque mi presencia y mi lenguaje son como el de Dios mismo: no puede ser percibido con los ojos del rostro, sino con los del alma y sólo puede escucharse con los oídos del corazón.

El Señor, nuestro Dios, a quien tú percibes como *el Coco*, como un ser vengativo, cruel y despiadado, te ha regalado mil bendiciones desde el momento en que fuiste concebido; bendiciones que tú no has querido ver, pues has permitido que el enojo, tus inseguridades, miedos, apegos y soberbia pongan una venda en los ojos del alma, que te impide percibir el milagro que representa cada respiración, cada latido de tu corazón y cada amanecer; el milagro que representa la vida misma que es tu regalo más grande, tu mejor regalo.

Cuando no escuchas con los oídos del alma ni miras con el corazón es imposible percibir las cosas verdaderamente importantes, las que emanan del Espíritu Divino, de Él, nuestro

Creador, y que sólo con esta mirada interior es posible percibir en lo grande y en lo pequeño, en lo finito y lo infinito. ¿Acaso no te has dado cuenta de cuán grande es su amor por ti, pequeño? Hoy mismo, ¡sí!, hoy mismo te ha regalado un día muy breve para no cargar con más tormentos tu corazón tan desgarrado, tan dañado.

Te regaló también una noche con luna llena para alumbrar tu propio corazón y un manto estrellado como cobija, no sólo para quitarte el frío del cuerpo, sino el del alma. Sin embargo, Juan, tú te enojaste con él y hasta lo desafiaste.

Juan se sentía profundamente avergonzado, pero también pletórico de dicha, no sólo por disfrutar tan cercanamente la compañía de su madre, sino además por descubrir cuán inmenso era el amor que Dios le profesaba, mismo que su madre corroboró cuando le dijo: "Pero no te preocupes, mi niño, Él como respuesta te regaló una sonrisa y una cobija de estrellas, además, una promesa, que tú percibiste como una intensa necesidad de dormir, para regalarte estos momentos compartidos conmigo. Éste, Juan, es parte del infinito mundo en el que podemos coincidir. También lo hacemos cuando piensas en mí, cuando me extrañas y cuando de mil formas me dices: '¡Te amo!'"

Juanito Salabim sólo atinó a asentir con la cabeza, a sonreír y a preguntar: "¿Entonces éste es el cielo en el que tú vives, mamá?" Contestó la madre:

Sí, Juan, en el cielo de los sentimientos, los pensamientos y las oraciones, pues el cielo que tú percibes con los ojos del rostro es sólo parte del universo material, y aun cuando su grandeza es infinita no puede ser percibida ni con la ayuda de los aparatos más complejos y avanzados. No refleja ni en mínima parte el espacio infinito de la mente de Dios, que es el cielo en el que coincidimos todos los hombres, los que son, los que hemos sido y los que seremos, pues muchas son las moradas en la casa del Señor.

El cielo en el que yo habito sólo se toca con los pensamientos y sentimientos más nobles y encumbrados, y se percibe sólo con el corazón, no obstante, Juanito, las estrellas del cielo material y físico te invitan a voltear al firmamento para que recuerdes tu pequeñez y en ella tu grandeza, para que nunca olvides que desde las estrellas te vigilan y te protegen quienes te han amado, aun cuando ya no se encuentren en el plano material, pues en verdad te digo que lo que se ama jamás se pierde, y que el amor es puente y pasaporte que te lleva derechito al corazón de Dios, donde todos los seres vivos coincidimos, donde se encuentra el punto de partida de nuestra existencia, el punto de coincidencia y el de regreso.

Con alma de niño

Cuando despertó Juan Salabim se sentía diferente; no sabía si el reencuentro con su madre había sido sólo un sueño o había sido realidad, pero su corazón le decía que era verdad, que no estaba solo, que nunca lo había estado, que junto a él estaba, tanto de día como de noche, la presencia del ser más querido a quien tanto amaba: ¡su madre!

Después de ese sueño Juan Salabim había aprendido a percibir el amor infinito del Creador en todas las cosas, incluso en aquéllas de las que sólo podía percatarse con los ojos del rostro: el canto de las aves que con gran algarabía saludaban el nuevo día, el sol haciendo su aparición espectacular en ese maravilloso amanecer, en el que los rayos del sol despertaban a la vida a todos los seres del bosque, llenando de luz y calor todo lo que se encontraba a su alcance, como un poema, como una sinfonía que sonaba a himno de alabanza y gratitud.

Todo eso le hacía pensar que, a pesar de los problemas que él mismo había tenido que enfrentar el día anterior, de su ayer, de todo el dolor y de las tragedias que sin duda el sol había visto en su recorrido por el mundo, el astro rey aparecía sereno y formal en la cita de este amanecer, por lo que todo, sin duda, tenía solución y estaba bien, aun cuando la materia grosera le gritara de mil formas lo contrario.

Con todas las fuerzas del corazón Juan Salabim dio gracias al cielo por ese encuentro maravilloso que había transformado su vida. Dio gracias por cada respiración, por ese nuevo amanecer y por el milagro de la vida que palpitaba en cada latido del corazón.

Juan Salabim no ignoraba que se encontraba solo en medio de un sitio desconocido para él; tampoco había olvidado todas las pérdidas que había sufrido: la chamba, el dinero y hasta la familia; además sabía que tenía que continuar un camino sin rumbo fijo, pero se sentía diferente, se sabía diferente. Ese sueño no sólo le había regalado paz en el corazón y la capacidad de ver y escuchar con éste, sino que había hecho germinar una semilla de esperanza en su alma e instalado la fe, la certeza de que las cosas podían ser mejor, mucho mejor de lo que parecían.

En silencio Juan Salabim dijo para sí mismo y para el ser que hoy sabía que vivía en lo más profundo de su corazón, en lo grande y en lo pequeño: "Gracias, Señor, gracias por todos los bienes que haces llegar a mi vida, por todas las bendiciones que derramas en los que amo y en mí".

Como si un rayo lo detuviera en seco, Juan percibió en su propia mente una serie de pensamientos que pretendían hacerle dudar de que él fuera un privilegiado, un consentido del Creador: "Juan, ¿acaso no eres un perdedor? ¿No te abandonó tu familia y te dejaron solo? ¿Ya te viste al espejo, Juan?, pareces pordiosero. ¿De qué y a quién das tantas gracias? ¿No te dejaron sin carro y sin chamba? Tú dirás lo que quieras, pero tu mamá no está contigo desde que eras un niño".

Juan Salabim no quiso seguir escuchando lo que sus pensamientos le gritaban, su corazón le decía que no tenía que luchar contra ellos. Cayó arrodillado en el piso, y en un ademán se tapó los oídos y cerró los ojos, pues aun cuando sabía que esas voces provenían de su interior, de su mente, algo le decía desde lo más profundo de su corazón que esos pensamientos eran alimentados por la materia, por el dolor y la soledad de sus recuerdos que jamás había enfrentado.

Con todas las fuerzas de su corazón Juan Salabim gritó repetidas veces: "Señor, yo confío en Ti; Señor, yo confío en Ti, y aun cuando hay tantas cosas que no entiendo, tantas cosas qué enfrentar, si Tú estás a cargo, todo está bien, aun cuando yo no pueda entenderlo. Gracias, gracias infinitas te doy, Señor".

Como por acto de magia, Juan Salabim comenzó a experimentar una inmensa paz. Los pensamientos negativos que parecían recriminarlo y retarlo desaparecieron y, en su lugar, se instalaron la serenidad y la armonía.

Tal parecía que ese encuentro con su madre en el cielo, en el que se coincide por medio de los sueños, las oraciones, los sentimientos y los pensamientos más nobles y elevados, con los seres que más amamos, le había despertado la capacidad de ver más allá de los ojos del rostro y de escuchar no sólo con los oídos, sino con el corazón; de ver más allá de sus narices, de las cosas materiales; le había hecho adivinar la presencia de Dios en todo momento, en todo instante.

Y así, casi sin darse cuenta, Juan Salabim había recuperado lo más valioso que puede poseer un ser humano: la esperanza, la fe y la gratitud.

Al levantarse del piso Juan Salabim se percató de que las canicas que traía guardadas en su valija se habían dispersado por el suelo, a toda prisa se aprestó a recogerlas. Sonrió cuando se dio cuenta de que ya no se sentía ridículo cuando se imaginaba como un hombre recogiendo canicas del suelo, sino más bien como un niño jubiloso preparándose para la aventura.

Juan Salabim no lo sabía, pero el encuentro con su madre, aun cuando sólo fue por un instante y en el país de los sueños, había sanado la fractura emocional que le había marcado toda la vida: la fractura de abandono, misma que de manera inconsciente lo había programado para perder de forma reiterada a lo largo de su vida lo más importante, lo que más amaba; a ser él mismo una persona incapacitada para involucrarse emocionalmente de manera profunda y sana, llevándolo a desamparar a los que tanto lo necesitaban y tanto, tanto lo amaban.

Sin darse cuenta Juan Salabim había rescatado a su niño interior de las garras de la inconsciencia, de las profundidades del sufrimiento y del abandono. Ese día el niño interior de Juan Salabim, sin que éste se diera cuenta, caminaba con él en el corazón y la conciencia. Era él quien le hacía ver la vida desde el enfoque del que la percibe un niño. Este amanecer era para Juan Salabim y su niño interior como un día nuevo para estrenar, como un juego de canicas que pretendía ganar.

Un juego de canicas diferente

Cuando Juan Salabim recogió la primera canica, una muy hermosa de color violeta, se sorprendió porque de ella se desprendió un rayo de luz que era del mismo color que ésta, que de inmediato lo envolvió de pies a cabeza y se extendió por toda el área que podían percibir sus ojos, incluso hasta los lugares que sólo podía percibir con los ojos del alma.

Bajo la influencia de esa luz Juan Salabim experimentó el deseo profundo de perdonar, de desprenderse de todos los resentimientos acumulados a lo largo de toda su existencia, incluso de aquéllos que lo habían llevado a despreciarse a sí mismo, a considerarse miserable y pecador.

En silencio Juan Salabim dio gracias por este prodigio que le permitía librarse de una carga tan pesada, acumulada a lo largo de toda su existencia. De manera simultánea a esta sensación y con los ojos anegados por el llanto Juan repitió varias veces en voz alta: "El perdón de Dios me libera, el perdón de Dios me transforma".

Como si en verdad Juan Salabim fuera un hombre nuevo, después de esa preciosa experiencia de perdón provocada por el contacto con una de sus antiguas canicas, una de color violeta, percibida bajo la visión de un hombre con alma de un niño, Juan se apresuró a recoger el resto de las canicas. La que enseguida tomó entre sus manos fue la de color azul, cuya luz lo envolvió de igual manera que la anterior.

Bajo esa luz Juan Salabim experimentó una sensación de fuerza y protección desconocida para él hasta ese momento. Era como si la protección divina lo cubriera, como si Dios mismo lo resguardara. Con fuerza inaudita, de su corazón salieron estas palabras: "Si Dios en mí, quién o qué contra mí". En silencio dio gracias por este privilegio, y como niño corrió con prisa a recoger el resto de las canicas que se encontraban tiradas en el suelo.

El niño que había despertado en el corazón de Juan Salabim no dejaba de reír, y ansioso esperaba ver la sorpresa que le tenían deparadas las otras canicas. De la de color naranja, al ser tocada, se desprendió un rayo de luz del mismo color que, de manera idéntica a la anterior, lo cubría. Juan Salabim prestó atención a la impresión que la emisión de esta luz le manifestaba y experimentó una profunda sensación de armonía y paz. Del corazón mismo brotaron estas palabras: "La paz y la armonía divinas me envuelven; la paz y la armonía de Dios viven en mí".

Enseguida tomó entre sus manos la de color rosa que, de igual manera a las anteriores, lo envolvió en la luz que emanaba de ella, a lo que Juan Salabim respondió con un profundo sentimiento de amor que lo hacía sentirse parte del todo, uno con Dios. En esa sensación de éxtasis percibió de nuevo la imagen de su madre que con amor infinito lo besaba en la frente y, como una hada generosa, un ángel bondadoso, hizo aparecer frente a los ojos de Juan Salabim las imágenes de cada uno de sus hijos y de Eva, su compañera.

Esta vez fue Juan Salabim quien besó la frente de cada uno de sus seres queridos con ternura infinita, con un amor indescriptible, y repitió en voz alta: "El amor de Dios todo lo envuelve, el amor divino todo lo traspasa y lo unifica".

Después de esa preciosa experiencia, en la que Juan Salabim experimentó la sensación de ser parte del todo, tomó entre sus manos la canica de color verde, la cual al envolverlo con la luz de idéntico color que emanaba de ella le permitió experimentar una sensación de salud y vitalidad que Juan Salabim ya había olvidado por el estrés cotidiano, sus frecuentes borracheras y toxicomanía, por las pocas horas que dedicaba al sueño y al descanso, por los largos periodos sin ingerir alimentos sanos y nutritivos y, por supuesto, por todos los alimentos chatarra con los que pretendía espantar el hambre, pero sobre todo por todos los resentimientos almacenados, las emociones encontradas, los miedos y las culpas callados.

Juan Salabim recordó que no había noche en la que no fuera despertado por las agruras que sentía que le quemaban; tenía gastritis, colitis, una úlcera incipiente, gripas frecuentes, dolor de cabeza y, por si fuera poco, una constante opresión en el pecho, a veces tan intensa que en repetidas ocasiones le hizo sospechar la inminencia de un infarto.

No obstante, ahora disfrutaba de una sensación y vitalidad desconocidas o, por lo menos, olvidadas por él, hasta ese momento; por si fuera poco también había dejado de experimentar el temor de no tener dinero ni posesión alguna, y en esta autorreflexión estaba sumergido cuando, todavía con la canica verde en las manos, se dirigió hasta donde se encontraba la valija. Se cercioró de que ahí permaneciera el viejo paliacate con el que había guardado el contenido de su vieja alcancía. Algo en el corazón le decía que era rico, que era alguien muy, pero muy especial.

Juan Salabim repitió en voz alta, como en las ocasiones anteriores, las palabras que fluían del corazón: "La verdad divina me hace libre; la riqueza de Dios me pertenece; la salud y la vitalidad son la expresión perfecta de mi cuerpo, mi mente y mi espíritu".

Todavía quedaban dos canicas por recoger, la de color dorado y la cristalina, en cuyo fondo se reflejaban todos los colores; la proximidad de la valija hizo desistir temporalmente a Juan Salabim de su intento original, pues el contacto con su niño interior había despertado la curiosidad y le había permitido dejar de lado, aunque fuera por esos momentos, las viejas rutinas con las que Juan desempeñaba sus labores día con día, como si pretendiera ocultar bajo esa rigidez sus propios impulsos de mandar todo al diablo, de abandonarlo todo. Cuidadosamente, Juan Salabim depositó en el raído costal de lona las canicas que hasta entonces había recogido, el sitio donde habían permanecido durante tanto tiempo, y las guardó en la vieja valija.

Del interior de ésta llamó de forma poderosa la atención el viejo palo de escoba que en sus años de infancia había servido de corcel. Como un niño que descubre sus regalos en una mañana de Navidad lo tomó entre sus manos y se montó en él. Cerró los ojos para disfrutar la sensación de aquel ayer, cuando, siendo apenas un niño, montaba el viejo palo de escoba que para él era un caballo blanco con alas que podía volar y dirigirse a lugares insospechados y maravillosos, en los que en ocasiones él era un rey, en otras un valiente guerrero y en otras sólo un niño que escapaba de los gritos y los problemas familiares tan frecuentes en su hogar.

La mente de Juan Salabim se empezó a poblar de recuerdos. Las imágenes que aparecían una a una en su mente le recordaban los momentos compartidos con su viejo amigo, su bravío y hermoso corcel blanco, con el que había compartido mil aventuras en sus fantasías de niño.

Recordaba cuando lo ataba al pie de su ventana por el temor de que algún día lo fuera a abandonar, y le dejaba platos para que saciara su hambre y su sed. A veces eran dulces, caramelos, migajitas de pan y gotitas de agua de limón o de refresco que casi siempre terminaba por ingerir él mismo.

Juan no había entendido hasta ese momento por qué su amado corcel blanco había desaparecido cuando su madre falleció: ¡justo cuando más lo necesitaba! Ahora, ¡por fin!, comprendía que precisamente con aquel acontecimiento, cuando su madre dejó de existir en una madrugada de invierno, él mismo había dejado de ser niño.

Pero ahora, montado en ese viejo palo de escoba, con el corazón inquieto como el de un chiquillo –era su propio niño interior–, comenzó a cantar aquella vieja canción que en sus épocas de infancia se escuchaba en la radio y que le gustaba entonar cuando montaba a su amigo preferido, su caballito blanco: "Caballo, caballito, no dejes de volar, pues para mí no hay más placer que volar, volar, volar".

Fue inmensa la sorpresa de Juan Salabim cuando al abrir los ojos se encontró suspendido en el aire montado en el lomo de un espléndido corcel blanco dotado de unas enormes alas. Desde lo más profundo del corazón, el niño interior de Juan Salabim exclamó con peculiar euforia: "Este hermoso caballo blanco parece ser el hermano mayor de mi caballito blanco".

Juan Salabim, que ya había aprendido a escuchar al corazón, le prestó atención y comprendió que la dicha que percibía en su interior era seña inequívoca de que gracias a su viejo amigo, el cual había acudido a su encuentro, hoy tenía el privilegio de ser otra vez como un niño.

Ahí mismo, suspendido en el aire, Juan abrazó con fuerza al caballo mientras éste movía la cabeza y lo buscaba con la mirada, aleteando de una manera tan peculiar que denotaba inmensa alegría. El caballo aterrizó de manera cuidadosa y Juan Salabim, de un salto, se paró en el piso para abrazar con vigor a su entrañable amigo, compañero y cómplice de tantas aventuras, de tantos sueños, de tantas victorias y de tantas y tantas derrotas.

El oro y el crisol

El caballo blanco, su amigo de toda la vida, a quien Juan Salabim desde niño había bautizado como *Plata*, comenzó a empujar con suavidad con el hocico a Juan como queriéndolo apresurar para que se montara en su lomo y emprendieran de nuevo un vuelo, un vuelo de aventuras, amistad y libertad, como los de antaño.

Juan Salabim, acariciándole el lomo, le dijo cariñoso: "Espera, espera un poco, compañero, sólo recojo mi equipaje y dos canicas que todavía se encuentran tiradas en el suelo, pero no las veo a simple vista". Como si escuchara su intención, la canica cristalina, en cuyo fondo se reflejaban todos los colores, comenzó a brillar como un arcoíris gigante.

Juan Salabim se dirigió hacia ella y penetró justo en el centro del arcoíris, experimentando una a una las sensaciones que ya con anterioridad había conocido cuando tuvo en sus manos cada una de las canicas. Gustoso recogió la diminuta esfera cristalina del suelo. De ella brotó un rayo de luz dorada que, en esta ocasión, no lo cubrió a él, sino que se dirigió hacia el sitio en donde se encontraba una roca de gran tamaño, a cuyas faldas se encontraba la canica dorada que, al tenerla en sus manos, lo cubrió como las anteriores con una luz idéntica a su color.

En esos momentos Juan Salabim escuchó una voz en su interior que le decía: "Juan, recoge tu equipaje, monta en el lomo de *Plata* y déjate guiar". Esta vez las palabras que Juan repitió en voz alta y que salían del corazón fueron: "La sabiduría divina es mi guía; la inteligencia de Dios me conduce y me orienta".

Y así, más rápido que un relámpago, Juan Salabim recogió su valija y, de un salto, montó el lomo de *Plata* lleno de júbilo, pletórico de ilusiones y de recuerdos, pues sabía que cada vez que montaba su caballo blanco le esperaban un sinnúmero de aventuras.

Cuando menos pensó *Plata* y él ya se encontraban volando por encima de lo que semejaba una antigua ciudad europea, cuyos edificios principales poseían enormes y hermosas cúpulas. Las fachadas de las casas y edificios se encontraban pintadas de color blanco y los techos parecían hechos de teja roja.

Ése era sin duda un lugar extraño pero en extremo hermoso. Desde las alturas se percibían la limpieza, el orden y la riqueza del extraño lugar. *Plata* inició el descenso y se posó en lo que parecía la entrada de una enorme muralla, misma que protegía a la bella ciudad.

Juan no acababa de salir del asombro generado por todas las cosas que estaba experimentando, cuando descubrió a Juan sin Apellido justo en el centro de la entrada. Fue mayor su sorpresa cuando percibió que éste ya no parecía un miserable pordiosero, sino que traía puesta una rara vestimenta, la que caracteriza a los magos, específicamente la del mago Merlín.

"¡Órale! –dijo para sí Juan Salabim–, ahora el viejito se agenció un disfraz de mago, ya ni la amuela". Como si adivinara sus pensamientos, Juan sin Apellido lo recibió con una gran sonrisa, pero sin proporcionarle explicación alguna, y en señal de bienvenida le ofreció un pedazo de queso y un pan, que Juan Salabim recibió con enorme gratitud y casi al momento devoró –ya no recordaba cuánto tiempo llevaba sin ingerir alimento. Mientras Juan Salabim ingería las viandas, caminando pausadamente, Juan sin Apellido, Juan Salabim y *Plata* se adentraron en la ciudad, que parecía recibirlos con gusto y hospitalidad.

Antes de que Salabim lanzara el cúmulo de preguntas que la mirada llena de asombro dejaba entrever, Juan sin Apellido le dijo: "Juan, dirígete hacia aquella casona –misma que señalaba con el dedo índice de la mano derecha–, y pregunta por Juan Alquimia". "¿Juan Alquimia?", dijo Juan Salabim, a lo que Juan sin Apellido sólo respondió con un asentimiento de la cabeza y le dijo, como adivinando sus pensamientos: "A *Plata* déjalo aquí, junto al río, hay suficiente pasto y agua para que pueda saciar su sed, su hambre y para que también pueda descansar".

Sin cruzar más palabras Juan Salabim acarició a *Plata*, se lo entregó al anciano y dirigió sus pasos hacia la casona que le había señalado el mago, es decir, Juan sin Apellido. Con temor tocó el portón, el cual se abrió casi de inmediato –como si lo estuvieran esperando– y salió a su encuentro un anciano con enorme parecido a Juan sin Apellido, quien, por si fuera poco, traía una vestimenta similar: ¡también vestía como el mago Merlín! Juan Salabim en silencio dijo para sí: "Esto parece una fiesta de disfraces o, más bien, una reunión de locos".

En esas cavilaciones se encontraba cuando la voz del anciano lo sacó de sus pensamientos y le dijo: "Te esperaba, Juan Salabim. Pasa, ésta es tu casa". "¿Me esperabas? –exclamó Juan Salabim y enseguida le preguntó– ¿Acaso tú eres Juan Alquimia?" "El mismo que viste y calza", sonriendo respondió

EL ORO Y EL CRISOL 69

el anciano. Juan Salabim se dijo: "Vaya que viste y calza el viejito; en ningún lugar y a ninguna hora este cuate podría pasar desapercibido".

Antes de que Juan Salabim pudiera expresar palabra alguna, Juan Alquimia le dijo: "Muchacho, préstame las monedas que guardas en tu valija, a ver qué podemos hacer por ti". "¿Mis monedas?", dijo Juan Salabim aún más sorprendido de lo que ya se encontraba, y casi por instinto sacó el desteñido paliacate con el que había envuelto el contenido de la alcancía que su mamá le regaló antes de morir.

El anciano sacó con cuidado el contenido del paliacate y se dirigió a Juan Salabim diciendo: "Parece que estas monedas de denominación antigua ya no tienen mucho valor, pero vamos a ver si contienen algo de oro. Acto seguido el anciano colocó el puñado de monedas en un crisol que se encontraba encima de la fogata encendida y le dijo a Juan Salabim: "Mira, muchacho, el oro antes de ser oro tiene que pasar por el fuego del crisol, pues sólo en estas condiciones logra desprenderse de inmundicias y de metales pesados que ocultan su valor".

No había terminado de pronunciar esas palabras el anciano cuando Juan Salabim se percató de que en el lugar había enormes cantidades de oro de diferentes tamaños, desde piedras diminutas hasta enormes rocas de ese precioso metal; incluso los muebles y los utensilios parecían estar hechos de oro macizo y puro.

Los ojos de Juan Salabim parecían salirse de su órbita, y por más esfuerzo que hacía no atinaba a articular ninguna palabra. Al percibir esa expresión tan conocida en los hombres Juan Alquimia prefirió retirarse y dejar solo en esa espléndida habitación a Juan Salabim.

La mirada de Juan Salabim reflejaba la codicia humana tan natural y espontánea en los hombres cuando perciben la riqueza ajena. Juan dijo en silencio: "Si tomo un pedazo de oro de buen tamaño, puedo echarme a correr y montar a *Plata* para alejarnos de este sitio; así me convertiría en un hombre infinitamente rico y poderoso; podría comprar la compañía de la que me despidieron y demostrarles quién soy; hasta creo que podría recuperar a mi familia al comprarles muchas cosas bonitas... quizá incluso me llegarían a perdonar".

En esos pensamientos estaba Juan Salabim cuando recordó que precisamente su afán por conseguir riquezas y bienes materiales lo había llevado a perder lo que tanto amaba.

Pero ¿acaso no sería mejor enfrentar la adversidad como un hombre rico y poderoso que como uno pobre y miserable? Además –continuó Juan Salabim en su autorreflexión–, yo sólo tomaría un pedazo de todo el oro que este anciano posee –en un intento de minimizar su intención agregó–. Tiene tanto oro, que lo más probable es que ni siquiera se daría cuenta de la pieza que me llevaría, además, yo sólo tomaría un pedazo, claro, un buen pedazo de oro. Hay quienes matan por menos que esto, yo en realidad no le causaría gran daño.

Juan estaba a punto de tomar una de las piezas de oro de tamaño regular cuando arrepentido se paró en seco al escuchar la voz del corazón que le decía: "No, Juan, no lo hagas, eso sería un robo y, aunque la codicia le pone una venda de autoengaño a los ojos del alma y tú mismo te esfuerzas por justificar y minimizar tu acción, el lastre de la culpa no hará más que agregar peso y carga a tu afligido corazón". Esa voz silenciosa que emanaba del corazón le recordó también

EL ORO Y EL CRISOL 71

cuánto lo amaba el Creador, y todas las cosas buenas que apenas comenzaba a descubrir".

Juan Salabim lloró avergonzado por el acto que estuvo a punto de realizar y dejó la pieza de oro en su lugar y se retiró a un rincón. Tenía pena de que el anciano lo viera llorar. "Pero más pena me hubiera dado atracar a este bondadoso anciano, que aun sin conocerme me ha dejado entrar a su hogar y está realizando un servicio para mí", se dijo.

Juan Salabim, en silencio, como en una oración, se dirigía al Creador diciendo:

Señor, perdóname por este acto infame que iba a cometer, perdóname, como sé que de forma generosa y misericordiosa has perdonado mis errores anteriores. Señor, me has dado tanto; sé que Tú eres mi proveedor, que eres el dador y el regalo, eres, Señor, mi Dios, mi todo; sé que contigo y en Ti, nada me falta ya. Sé que Tú me das lo que necesito en el momento justo y que colmas mis anhelos con infinito amor y abundancia. Perdóname, perdóname, Señor.

La voz de Juan Alquimia interrumpió a Juan Salabim diciéndole: "Vamos, muchacho, ya deja de lamentarte y mejor alégrate, acabas de tener una batalla contra ti mismo, contra la codicia que se encuentra instalada en el corazón de los hombres y los corrompe, los ciega y los engaña. Tú has salido victorioso, ¡acabas de conquistar un peldaño de libertad, Juan Salabim, acabas de vencer un defecto de tu naturaleza humana y también acabas de desarrollar la virtud de la honestidad!"

Éste exclamó apenado: "Si lo prefiere ver así, entonces, sí, en realidad acabo de salir victorioso de una batalla infernal conmigo mismo, pero ¿usted qué va a pensar?, no se merecía esto ni con el pensamiento". El anciano lo interrumpió de forma brusca y le dijo: "Juan Salabim, como te lo dije, tú acabas de conquistar un peldaño de libertad y eres sin duda mucho mejor ser humano que cuando entraste a esta habitación. Yo acabo de recuperar la fe, la confianza en los hombres".

Extendió la mano y le entregó un puñado de metal pesado que parecía una piedra de plomo, y un puñado mayor de monedas de oro: "Éste es el producto de las monedas que me entregaste, muchacho". Sorprendido al observar de reojo que las monedas que él le entregó aún permanecían en el crisol y abrumado ante la nobleza del anciano, Juan Salabim le dijo con voz entrecortada: "Pero, señor, ¿yo con qué le pago?; esto es más, mucho más de lo que yo le entregué a usted". "Recuerda Juan –contestó el anciano– que la vida siempre te paga con creces lo que tú le entregas, sea esto bueno o malo; no hago más que entregarte lo que te corresponde".

"Pero usted, señor –dijo Juan Salabim con sincera inquietud y agregó– sé que usted me está entregando una cantidad de oro mucho mayor de la que posiblemente mis monedas poseían, así que en realidad esto le pertenece a usted."

El anciano sólo cerró los puños de Juan Salabim, y dándole unas palmadas en la espalda le dijo: "Tómalas, muchacho, en verdad son tuyas, te pertenecen; ten la seguridad de esto, pues te las doy de corazón, y la paga, muchacho, ten la seguridad también de que es mucho mayor para mí".

Juan Salabim depositó con sumo cuidado las monedas que con tanta generosidad le entregaba el anciano en el paliacate, para enseguida guardarlas en la valija. Con un fuerte abrazo y sincera gratitud se despidió de Juan Alquimia, quien sonriendo le dijo: "Recuerda, muchacho, que el oro antes de ser oro tiene que pasar por el crisol".

Juan, que ante el cúmulo de sentimientos y emociones que estaba experimentando en su interior no sabía qué decir, se dirigió a la puerta y con un afectuoso ademán se despidió del anciano, y éste lo despidió diciendo: "Hasta siempre, Juan Salabim, hasta siempre".

Ayúdate que yo te ayudaré

Después de haber recogido a *Plata* y despedirse con afecto de Juan sin Apellido, que lo esperaba a las afueras de aquella extraña y hermosa ciudad, Juan Salabim, montado en el lomo de aquel espléndido caballo blanco con alas, se encontraba surcando el firmamento en un regio atardecer, cuando el sol estaba a punto de desaparecer en el horizonte y el cielo se encontraba teñido con algunas pinceladas de color oro y naranja.

Juan Salabim disfrutaba intensamente esa sensación de navegar en el vasto cielo, montado en su amigo, el cual, como si fuera guiado por una inteligencia infinita, tomó un rumbo en apariencia desconocido para él, sin embargo, cuando éste menos lo pensó, se encontraban aterrizando en los parajes del bosque en el que apenas hacía poco tiempo su caballo y él se habían reencontrado.

Al voltear al cielo –lo cual ya se estaba volviendo una costumbre en Juan Salabim– percibió que éste se estaba poniendo oscuro. Negras y densas nubes comenzaban a poblarlo parecía que una tormenta amenazaba. Juan Salabim saludó con afecto a las estrellas que todavía alcanzaban a percibirse. Buscó un lugar dónde refugiarse y se dirigió hacia lo que parecía una cueva. Al percatarse de que estaba demasiado oscura, decidió quedarse casi en la entrada, muy cerca de *Plata*.

Juan Salabim se dispuso a descansar recostando la cabeza en su vieja valija. Le pidió a Dios que le permitiera soñar una vez más con su mamá y viajar con ella como en aquella primera ocasión en la que habían coincidido en el cielo, donde se encuentran los seres que amamos. Dirigiéndose al Ser Supremo decía: "Señor, a ver si también te es posible mandarme unas estrellitas, como aquella noche en que, como hoy, tenía tanto frío y sentía tanta soledad; no estaría de más una cobijita y una almohada suave; ah, también una cena nutritiva, sustanciosa y fresca, sobre todo fresca". Esto lo decía a la vez que hacía el intento por ingerir alguno de los añejos y escasos alimentos que portaba en su valija.

Después de esto Juan Salabim volteó una vez más al cielo, se dio cuenta de que éste se ponía cada vez más oscuro, incluso comenzaron a aparecer rayos y centellas, además se escucharon truenos de gran intensidad: parecía una tormenta eléctrica. Aumentó su frío y experimentó miedo, un miedo intenso que lo hizo cimbrarse.

Un viento frío comenzó a soplar, lo que obligó a Juan a acurrucarse e intentar quedarse dormido. En silencio le pidió a su madre que no lo abandonara y que lo visitara en sueños, como aquella vez primera en la que juntos habían montado la cauda de un veloz cometa. Y de inmediato hizo el intento de quedarse dormido, pero el miedo que lo embargaba no le permitía conciliar el sueño de manera profunda y reparadora.

Los truenos y relámpagos que acompañaban a la terrible tormenta, y sin duda el miedo que emanaba del corazón de Juan Salabim, espantaron a *Plata*, que salió volando en apariencia sin rumbo fijo. El aire y el ruido que hizo el caballo al emprender el vuelo despertaron a Juan, quien presuroso

salió corriendo tras él, gritando y moviendo las manos agita-
damente en ademán de invitarlo a regresar. Sin embargo, muy
pronto, el caballo desapareció de la vista de Juan, dejándolo
sumergido en la más profunda de las soledades, la soledad
que era el cúmulo de todas sus soledades.

Una vez más, como aquella primera en la que enfrentó
las ruinas de sus fracasos y abandonos, cuando recordó que
también había perdido el carro deportivo que lo transportaba
a diario a su empresa, como impulsado por un rayo cayó de
rodillas al suelo y comenzó a llorar, y a grito tendido le pidió
a Dios que le regresara lo que tanto amaba: su amadísima familia, su trabajo, su madre, a quien había perdido desde niño,
también a su padre, quien los había abandonado algunos años
antes de que ella falleciera, y por supuesto a *Plata*, su amigo de
toda la vida. Tal vez imaginando lo imposible de sus peticiones
dijo: "Por lo menos, a *Plata*; por lo menos regrésame a *Plata*".

De nuevo Juan Salabim se sentía desposeído, agraviado
por Dios, de quien incluso comenzaba a dudar de su existencia
diciendo con voz desgarradora: "No puede ser que exista un
dios tan cruel, tan ajeno a las necesidades de los que se supone
son sus hijos".

En ésas estaba Juan Salabim cuando también recordó
que, a pesar de haberle pedido a su madre que lo acompañara
en sus sueños, ésta no había aparecido en ellos. Comenzó también a dudar de que ella fuera un ángel, que fuera su compañera
constante. Volvió a sentir rabia, coraje, impotencia y dolor, mucho, mucho dolor en el alma. El resentimiento se instaló con
rapidez en el corazón de Juan Salabim, como en aquella negra
noche en la que su mamá había partido hacia un cielo del
que todos le hablaban y que en un sueño precioso había creí-
do reconocer.

La tormenta se hizo más violenta, los relámpagos más frecuentes y los truenos más intensos. El miedo en Juan Salabim aumentó de manera impactante y, como si el propio miedo tuviera el poder de abrir la puerta de la inconsciencia, como fantasmas y espantajos que le atemorizaban aún más, una a una iban apareciendo en su mente las imágenes de sus delitos pasados, hasta aquéllos que él parecía haber olvidado, incluso la escena en la que estuvo a punto de robar el oro de Juan Alquimia.

Entonces, Juan Salabim, en tono más calmado, con la vista en dirección al cielo y dirigiéndose al Poder Supremo, dijo lo siguiente:

> Con que de esto se trata, ¿verdad, Señor? Me estás castigando por todos los delitos que he cometido y hasta por aquéllos que no cometí, porque Tú, que eres Dios, sabes que aun cuando tuve un enorme deseo de robar a Juan Alquimia, en realidad no lo hice, y que muchas de las cosas que hice y otras tantas que no hice debiendo hacerlas fueron hechas o no por mí porque no me daba cuenta de lo que hacía –Juan Salabim continuó hablando con Dios y llorando simultáneamente–. Si hoy me regalaras una oportunidad te aseguro que actuaría de manera diferente. Hoy, Señor, ni loco ni amarrado cometería lo que ayer cometí; hoy te invitaría a Ti en cada instante de mi vida; hoy, Señor, no haría lo que ayer hice cegado por la inconsciencia.

Como si Dios respondiera a sus plegarias el cielo se despejó por un momento y apareció una enorme y brillante estrella. Juan, agradecido por lo que él pensaba que era una respuesta del Creador, lloró en silencio y repitió tantas veces como pudo: "Gracias, gracias, Señor", y todavía arrodillado dijo: "Señor, quítame lo bruto, ya no quiero cometer más tarugadas ni dañar a quien más amo, tampoco lastimarme ni destruirme yo mismo".

En esta ocasión el cielo respondió con un relámpago que casi ciega a Juan Salabim y con un trueno de tal intensidad que casi lo ensordeció. La tormenta que había amainado de forma temporal se precipitó con tal fuerza que Juan Salabim se levantó y salió disparado en dirección a la cueva con el fin de protegerse.

Antes de llegar a ella, un relámpago lo detuvo en seco al caer en un árbol que se encontraba frente a él. Su luz iluminó una inscripción que en esos momentos se hizo legible para Juan Salabim y que decía así: "Ayúdate, que yo te ayudaré".

Un segundo rayo iluminó de nuevo la misma inscripción, que Juan, a pesar de la sorpresa y el miedo de ser alcanzado por el rayo, leyó con gran temor, y enseguida continuó su carrera hacia la cueva a la que llegó empapado, tremendamente agitado, con el corazón casi de fuera, en parte por el susto y en parte por la emoción, pero sobre todo por el miedo.

El miedo que lo atormentaba y lo hacía sentir como un niño pequeñito y frágil enfrentando una noche de oscuridad, como aquéllas que experimentaba desde su más tierna infancia, desde que su padre los había abandonado y, más aún, cuando su madre falleció. Era el mismo miedo, la misma angustia los que le causaban el estar solo y desamparado ante esa oscuridad en medio de una noche tormentosa, miedo a los rayos que casi lo alcanzaban. Y dijo: "La verdad es que me estoy muriendo de miedo por la forma tan agresiva y violenta en la que respondes, Señor. Yo nada más te pedí que me quitaras lo bruto, y por poco me matas a relampagazos". No cabía duda de que el miedo no le permitía ver más allá de los ojos del rostro, por eso, no lograba entender lo que Dios quería decirle, por lo que pensaba que el Creador se estaba peleando con él. Juan Salabim había percibido el rayo, pero no el mensaje del Creador.

Como si Dios respondiera a los reclamos de Juan Salabim de nuevo un rayo iluminó el sitio donde Juan había leído: "Ayúdate, que yo te ayudaré". Éste, cegado por el miedo y lo que parecía ser su desventura, respondió de manera infantil: "Con que sí, estás enojado conmigo y, claro, como me ves desprotegido te mandas, ¿verdad, Señor?", insistió Juan Salabim en voz alta.

Enseguida cayó un rayo casi a los pies de Juan Salabim. Fue tal el impacto para él que se le pararon los cabellos y salió disparado hasta caer sentado en un charco en medio de la tormenta. Juan Salabim se incorporó con rapidez y, como de rayo, se dirigió de nuevo hacia la cueva y lloró una vez más su desventura. Estaba mojado de pies a cabeza, solo y además creía que Dios no lo quería, que lo rechazaba, que la traía contra él.

En un inicio, Juan Salabim lloró su desventura y enseguida, lleno de coraje, impotencia y rabia, volvió a retar a Dios. A pesar de que su enojo y frustración eran tremendos, no pasó desapercibido para él el brillo de la luna y las estrellas que de vez en vez aparecían en el firmamento, cuando las nubes lo permitían.

Juan Salabim las saludó con timidez y les dijo: "¡Hola!", entonces, se sintió avergonzado y ridículo, y se dijo: "Si alguien me viera saludando a las estrellas, pensaría que estoy loco".

Diálogo con las estrellas

En el cielo una pequeña y bella estrella, que con sus mejores destellos respondió al tímido saludo de Juan Salabim, le preguntaba a la que parecía ser su madre, una enorme y espléndida estrella: "Mamá, ¿por qué los hombres siempre se enojan con Dios por todo lo que les pasa?" Otra pequeña estrella también se animó a preguntar: "Mamá, ¿por qué los hombres siempre dudan del amor de Dios?, ¿qué nadie les ha dicho cuánto los ama el Creador?"

La gran estrella, que se aprestaba a responder, se acongojó de sobremanera cuando vio a Juan Salabim de nuevo pateando los árboles, gritando y reclamándole a Dios su desdicha. Otra de las estrellas más jóvenes cuestionó una vez más a la gran estrella: "¿Mamá, por qué los hombres son así, por qué se enoja Juan Salabim?, ¿qué no entiende lo que el Señor le está diciendo?" Otra de mayor tamaño también cuestionó a la estrella mayor: "¿Por qué cuando Dios no les responde como ellos quisieran se enojan y hasta hacen berrinche? ¡Mira, mira lo que está haciendo ahora Juan Salabim!"

Éste se encontraba diciendo y haciendo una serie de barbaridades, a la vez que pateaba el suelo, las piedras, los árboles y todo lo que se le atravesaba en el camino. Como queriendo desquitar su coraje comenzó a tirar los escasos alimentos que conservaba en su valija diciendo a la vez: "Mira, señor Dios, si lo que quieres es que me muera, pues que de una vez lo haga de hambre y de sed. Además –agregó–, es tan poco lo que poseo y lo que me das, que si no me muero hoy, me voy a morir mañana de hambre y de sed, así que mejor de una vez, a ver si ya con esto quedas contento".

La estrella más pequeña volvió a cuestionar a su madre: "Mamá, ¿acaso no sabe Juan Salabim que los alimentos no se tienen que desperdiciar?, ¿qué nadie le enseñó que con los alimentos no se debe jugar y que no se tiran?" "Te aseguro, pequeña, que si él supiera que por lo que está realizando se cierran las puertas de la abundancia, no lo haría", contestó la gran estrella.

Otra estrella, con apariencia de adolescente, dijo: "No, hermana, espérate a que le dé hambre y no encuentre qué comer, enseguida se va a pelear con Dios una vez más quejándose como siempre de que Él es el causante de todas sus desgracias".

La estrella mayor se apresuró a decir: "Lo que pasa, pequeñas, es que Juan Salabim se ha olvidado del don de la gratitud, no ha aprendido a escuchar a la naturaleza y ha omitido atender a su propio corazón". "Pero éste sí que se pasa, mamá –dijo otra de las estrellas– ¿no Dios mismo le está diciendo: 'Ayúdate, que yo te ayudaré'?"

"Es que tiene miedo –contestó la gran estrella–, miedo de creer en él mismo, de tomar las riendas de su vida. Es más fácil pelearse con Dios y con cuanto se le pone enfrente que aceptar la responsabilidad de ser él mismo, de descubrir todo el potencial que se encuentra en su propio corazón, en la fuerza del espíritu que lo hace uno con el Creador."

"Además, el miedo es canijo", dijo la estrella adolescente, a lo que la madre estrella exclamó: "Qué palabras son ésas, niña, no aprendas las cosas malas de los hombres". Aquélla respondió: "Palabras malas son las que está diciendo Juan Salabim; nada más escúchalo y verás".

La estrella mayor experimentó una profunda tristeza cuando observó la desolación de Juan Salabim y todo aquel comportamiento absurdo y violento que había adoptado, le preocupaba además el impacto que esto estaba provocando en las estrellas más jóvenes, por lo que decidió platicar con la luna para pedirle apoyar al muchacho.

La luna, que se encontraba escondida detrás de las densas y oscuras nubes, respondió de inmediato al llamado de la estrella diciendo: "¿Qué le pasa, señora estrella, por qué la escucho tan preocupada?" La estrella le preguntó: ¿No se ha dado cuenta de lo que está sucediendo allá abajo?" "¿Con los hombres?", dijo la luna. "Pues claro que con ellos –aclaró la estrella–, en específico con Juan Salabim." "Mire, yo ya ni me ocupo de voltear para allá abajo –contestó la luna y agregó–, me da tristeza, vergüenza y hasta coraje ver cómo los hombres se han hecho expertos en arruinar su propia vida, en destruir a su familia y hasta el planeta que nuestro Creador les ha regalado como hogar."

"Pero Juan Salabim es diferente", opinó la estrella madre. "¿Diferente al resto de los hombres? –preguntó airada la luna, quien con discreción y profunda tristeza observaba al muchacho, y dirigiéndose a la estrella madre le dijo–. Éste es igual o peor que los demás, ¿ya vieron lo que va a hacer ahora?"

Las estrellas y la luna voltearon al unísono hacia donde se encontraba Juan y observaron cómo arrancaba una vara a uno de los árboles y comenzaba a flagelarse el cuerpo diciendo: "Eso es lo que querías, ¿verdad, señor Dios?, ¿querías castigarme y verme sufrir?, entonces, mira cómo me castigo yo mismo, para que Tú ya me dejes en paz". Juan Salabim continuó castigando su cuerpo hasta que ya no pudo más, y enseguida rompió en llanto. De nuevo Juan lloraba como un niño pequeño.

La luna se dirigió a las estrellas y les dijo: "Les digo que éstos cuando no lloran sufren, y cuando no tienen motivo solitos se lo buscan". Un lucero adolescente dijo: "Señora Luna, le apuesto unos rayitos de luz a que ahora el Juancho va a prometer ser bueno, portarse bien". La estrella madre, escandalizada, dijo: "Niño, ¿quién te enseñó a hacer apuestas y a ponerle apodo a los hombres?" "Los hombres, mamá, los hombres", respondió el lucero.

"Yo te apuesto también unos rayitos de luz –respondió la luna– a que cuando Juan Salabim vea que no obtiene respuesta a sus demandas de manera inmediata y conforme a su voluntad, confundiendo a nuestro Creador con Santa Claus, se va a enojar de nuevo, va a maldecir hasta el día en que nació y a culpar a todos por sus pesares. Hasta a nosotras nos va a tocar, ya lo verán."

"Doña Luna, por favor, nada de apuestas, le ruego que guarde compostura –manifestó la estrella madre– lo que está pasando allá abajo está afectando a las niñas y, de hecho, estoy segura de que también a usted misma, pues para ninguna criatura del Universo puede pasar desapercibido lo que acontece a un solo hombre, un hombre que es el representante de todos los hombres del mundo", agregó la estrella madre.

Contestó la luna: "Y sobre todo a éste, que parecía que iba tan bien, y que al menor contratiempo, cuando el Creador no responde como él quiere, de manera inmediata y conforme a lo que él cree que es lo mejor, mírelo como se pone". "Usted lo ha dicho, doña Luna, éste iba tan bien que considero que no debemos abandonarlo, después de todo no estamos aquí para eso, sino para recordarle a cada ser humano ¡cuánto los ama el Señor!"

"¿No estamos aquí –continuó la estrella madre– para recordarles que el techo estrellado no es sino el techo de su hogar?; ¿no está usted aquí para recordarles con su belleza cuánto los ama Dios, para invitarlos a tomar un pedacito de luna y guardarlo en el bolsillo de la imaginación, para que se sepan millonarios aunque muchos lo ignoren?"

Enseguida respondió la luna: "Sí, pero éstos no entienden, son tan brutos, pero tan brutos, que la verdad yo ya me cansé de estar haciéndoles señas cada noche, y hasta en las mañanas permanezco en el cielo para ver si logro sorprender por lo menos a uno de ellos, pero ya ve, éstos ni me pelan". "Señora –replicó la estrella madre– por favor, cuide su lenguaje, porque lo digan los hombres inconscientes pasa, pero que lo diga usted ya es otra cosa."

La luna exclamó un tanto apenada: "Tiene razón, lo que pasa es que este muchacho me hizo sentir defraudada; ya había comenzado a hacer mis apuestas". "¿Qué?", interrumpió la estrella madre sorprendida. La luna, avergonzada, dijo: "Perdón, perdón, lo que quise decir es que ya había comenzado a creer en él, pensé que sí lograría atravesar el túnel oscuro y pantanoso de la inconsciencia y a descubrir la verdad que lo hace libre, pero creo que salió más bruto que los demás".

"No lo etiquete, doña Luna", manifestó la estrella madre, a lo que la luna exclamó de inmediato:

Bueno, en eso creo que tiene razón, doña estrella, pero la verdad es que da coraje. Tan bien que iba, y ahora, ya ve, es igual que todos los hombres, se enoja porque Dios no responde como ellos quieren, y en lugar de entender lo que Dios quiere decirles comienzan a enojarse con el Señor y a culpar a los demás, hasta a nosotras nos hacen responsables de sus desdichas –la luna continuó diciendo–. Tienen una familia y ni caso le hacen, ya ve, hasta la abandonan; tienen un cuerpo con el que pueden moverse y trasladarse a donde ellos quieran y lo laceran, lo destruyen; tienen mente y siempre están desperdiciando su potencial en lo negativo, y hasta se aturden con droga, alcohol, tabaco; quieren ganarse la lotería, pero no compran ni el boleto; quieren que Dios los tome de la mano y no extienden la suya; quieren descubrir el lenguaje de la creación y se les olvida voltear al cielo.

"Pero Juan Salabim –dijo la estrella madre– ya ha aprendido a voltear al cielo, ¿no se fijó usted que apenas hace un rato lo hizo para saludar?" "Sí, pero con temor de que alguien lo viera haciendo semejante tontería, además, eso no le bastó, sigue enojado y resentido", contestó de nuevo la airada luna.

"Claro que me di cuenta –replicó la estrella–, por eso es mi insistencia en que debemos apoyar al muchacho." "Bueno, después de todo el Juancho se lo merece, ¡vamos a ayudar a Juan Salabim!", exclamó la luna, jubilosa. Como si el resto de las estrellas comprendiera que iban juntas a realizar una misión encargada por el mismo Dios comenzaron a gritar al unísono: "¡Sí, sí, vamos a ayudar a Juan Salabim!" Y todas, a coro, entonaron una cancioncilla: "Juan Salabim, Juan Salabim, a la bimm, bimm, bimm, Juan Salabam a la bimm a la bamm, todos juntos te vamos a apoyar".

"No se entusiasmen tanto, niñas –interrumpió la luna–, habrá que ver si el viento, los animales del bosque, los árboles y sus hojas quieren cooperar". "Lo dudo –contestó un lucero adolescente–, sobre todo después de la m..." "¡Niño!", objetó la madre. El lucero continuó: "Maltratada que Juan Salabim les acaba de poner".

No obstante, el viento y las demás criaturas del bosque aceptaron de buena manera la solicitud que hacían los pobladores del cielo para ayudar a Juan Salabim. Después de todo, ¿no era lo que el Creador les pedía para sus hijos, los más necios y torpes pero también los más maravillosos, cuando lograban traspasar el túnel oscuro de la inconsciencia?

Una misión celestial

Las primeras en cooperar con el plan de ayuda a Juan Salabim fueron las nubes negras, quienes se replegaron para que dejara de llover y sobre todo para que apareciera ante los ojos de Juan un manto estrellado en el que dominaba una magnífica y deslumbrante luna llena que parecía sonreír, pues, en su interior, mantenía una gran simpatía por Juan Salabim y, en verdad, deseaba que éste pudiera entender el lenguaje de la naturaleza, que es una de las formas en las que Dios habla a sus hijos.

Para Juan Salabim no pasaron desapercibidos la aparición de la luna, el repliegue de la lluvia y el brillo de las estrellas. Enseguida volteó al cielo y sonrió, hizo un ademán de saludo y, como ya se estaba haciendo costumbre en él cuando volteaba al cielo, les dijo: "¡Hola!", pero una vez más se sintió avergonzado, ridículo y también un poco enojado, y dijo dirigiéndose a las estrellas: "Si hubieran aparecido en el cielo antes, cuando yo le imploraba a Dios, me hubieran ahorrado una buena paliza, no hubiera tirado mis alimentos, no me hubiera peleado con él ni estaría ahora enojado conmigo".

"Mira a éste; siempre justificando sus fallas, culpando a los demás de sus errores", dijo una estrella joven; a lo que la luna de inmediato comentó: "Les dije que ni nosotras nos íbamos a escapar". Mientras tanto, a modo de destellos, algunas estrellas le decían a Juan Salabim: "Juan, Juan Salabim, un pleito lo realizan por lo menos dos y nadie se ha peleado contigo, mucho menos Dios". Pero Juan continuó abatido como si no lograra entender lo que las estrellas le decían.

"¿No te digo? –mencionó otra estrella–, éste es más bruto que…" "¡Calla, niña, no es hora de criticar –interrumpió la estrella madre–, es hora de trabajar!; es nuestra oportunidad de aplicar lo que sabemos, de hacer lo que el Señor nos pide; es tiempo de realizar nuestra misión: que Juan Salabim aprenda a escuchar el lenguaje de Dios".

El viento comenzó a soplar intensamente con la intención de que Juan Salabim escuchara el mensaje que tenía que decirle, pero éste, lejos de entenderlo, se molestó mucho y comenzó a preocuparse diciendo para sí: "Lo que me faltaba: yo mojado hasta los huesos y este cuate –refiriéndose al viento– comienza a soplar con tal fuerza, a ver si no me dan reumas o pesco una pulmonía fulminante".

Como respuesta al pensamiento de Juan, el viento comenzó a soplar aún con más fuerza y, como cuando las cosas no salían como Juan quería, comenzó a prepararse para hacer su acostumbrado berrinche desvistiéndose para que el viento –según él– lo matara con rapidez.

Pero era tal la fuerza del viento que hasta quitarse la ropa le costaba trabajo. Al despojarse de la camisa y mantenerla en el aire por un instante, Juan observó que ésta parecía sábana colgada en tendedero. Esta imagen le despertó una idea que parecía brillante. Velozmente se despojó de la ropa y la tendió en las ramas de un viejo árbol que se encontraba al paso de la corriente.

Al realizar esto, como por acto de magia, Juan Salabim experimentó una sensación de alivio y, podría decirse que, hasta de gozo. Los habitantes del cielo respondieron con gran alegría al observar la respuesta de Juan Salabim. Una estrella pequeña exclamó con alegría: "Mamá, Juan ya no está enojado". A lo que la estrella madre respondió con enorme satisfacción: "Y ése es sólo el comienzo, pequeña, Juan ha dejado de preocuparse por lo que aún no llega y comenzado a ocuparse de lo que tiene, con lo que cuenta".

"Y más aún –dijo la luna– Juan Salabim ha aprendido a encontrar la oportunidad en lo que parece adversidad". La luna guiñó un ojo, la estrella madre respondió con una gran y hermosa sonrisa. Mientras tanto, Juan Salabim, descalzo, en paños menores y en medio de una noche oscura y tormentosa en el bosque, tuvo la idea de correr en dirección al viento. Se decía: "Si me quedo aquí paradote, sí que voy a congelarme; mejor juego unas carreritas con el señor Viento".

Y diciendo y haciendo Juan Salabim comenzó a correr en dirección al viento. En lo más profundo de su ser, su niño interior sonreía de nuevo y disfrutaba esos momentos como sólo un niño puede hacerlo.

El viento también disfrutaba de este juego; le gustaba escuchar las risas y los gritos de Juan Salabim, quien como niño se echaba porras y vivas. Pero también le gustaba escuchar sus pasos fuertes y decididos con los que pretendía ganarle una carrerita. El señor Viento aprovechó la ocasión para decirle a Juan cuánto lo amaba el Creador gritando con toda su fuerza: "¡Dios te ama, Juan Salabim!"

Al unísono todos los habitantes del bosque y los pobladores del cielo repetían a coro con el viento: "¡Dios te ama, Juan Salabim!"

Juan Salabim, en esa carrera tan especial que estaba disfrutando como nunca antes, comenzó a experimentar una sensación de amor infinito que lo hacía sentir uno con la naturaleza, uno solo con Dios. Y a pesar de que al iniciar la carrera la noche parecía oscura en esos momentos, todo parecía iluminado por una luz radiante que emanaba de cada espacio, de cada ser. Era como si la esencia misma del Padre se manifestara en ese momento en que todas la criaturas del universo entonaban una sinfonía de amor que abría el corazón de Juan Salabim para percibir lo grandioso de la naturaleza, lo infinito de su propia esencia.

Era tal la emoción y la dicha que Juan experimentaba que reía y lloraba al mismo tiempo. Apretó el paso, como pretendiendo ganarle al viento, pero en seco se paró y dijo: "El viento no tiene principio ni fin; en su carrera puede abarcar al infinito". El viento le respondió: "Tú también, Juan, tú también puedes lograrlo".

Como si Juan Salabim pudiera entender las palabras que el viento susurraba en sus oídos dijo: "Gracias, amigo, por recordarme lo que soy y lo que puedo ser". Y continuó agradeciendo a cada criatura del universo por el solo hecho de existir, por la canción de amor que acababan de entonar, por su belleza y esplendor, que para él no hablaba de otra cosa más que del infinito amor del Creador.

Dirigiéndose de manera especial a la luna y las estrellas, como si adivinara que de ahí había surgido el plan para ayudarlo a descubrir su esencia y su verdad, les agradeció con toda la fuerza del corazón el ser sus amigas, el existir, el estar siempre que las necesitaba y el permitirle descubrir que aun cuando hubiera momentos en que los ojos del rostro no pudieran percibir el fulgor de su belleza, ahora sabía que, como Dios mismo, siempre estaban donde deberían estar.

La reconciliación

Al detener su carrera, Juan se quedó sorprendido al percibir que su ropa ya estaba seca; también le dio risa descubrir que no sólo no había muerto de frío ni se había quedado entumido o congelado por el viento, sino que estaba literalmente bañado en sudor y pleno de vitalidad y dicha infinitas.

A propósito de su ropa, reflexionó Juan Salabim y se dijo: "Se me olvidaba recogerla, qué bueno que ya se encuentra seca." Como queriendo prolongar su carrera en compañía del viento, se apresuró a decirle a éste: "Señor Viento, por favor, ¿podrías acompañarme de regreso al lugar donde comenzamos a jugar?"

Para su sorpresa el viento comenzó a soplar en dirección contraria, como aceptando la invitación para correr de nuevo juntos; y así, corriendo, riendo y jugando, Juan Salabim llegó justo al lugar en donde había dejado tendida su ropa, la cual, en efecto, se encontraba totalmente seca, lo que llenó a Juan de satisfacción y gratitud.

Éste procedió a retirar las prendas. De pronto, apareció frente a sus ojos la inscripción que apenas hacía un tiempo un rayo había iluminado y le había causado gran temor: "Ayúdate, que yo te ayudaré", la cual se percibía con total claridad gracias al esfuerzo que hacían los pobladores del cielo y de la tierra por emanar la luz de su propia esencia.

Esta vez la reacción de Juan Salabim fue diferente y sólo atinó a exclamar: "¿Esto quiere decir que lo bruto me lo tengo que quitar yo, Señor?" Y, sin coraje, pero sobre todo sin miedo, se dirigió al Creador: "Esto es como la frase tan conocida de san Juan de la Cruz, aquélla que dice: 'Dios nunca va a hacer por el hombre lo que el hombre debe hacer por sí', ¿o no, Señor?" Todo esto lo dijo con voz apacible y la vista dirigida al cielo.

Las estrellas radiantes lanzaron sus mejores destellos; la luna, coqueta, parecía que le guiñaba el ojo y todas las criaturas del universo dijeron al unísono: "Nunca dejes de creer en Dios, pero tampoco de creer en ti".

Juan, que entendió el mensaje con suma claridad, dijo con gran humildad y gratitud:

> Gracias, Señor, por la lección y la oportunidad. Tú bien sabes que para mí era más fácil, más cómodo, pedirte que cubrieras mis necesidades y que hicieras realidad mis deseos, como si fueras Santa Claus. Créeme, Señor, que yo no me daba cuenta de que con mis solicitudes y peticiones sólo trataba de conducirte, de controlarte, ignorando tus designios y pasando por alto tu voluntad.
>
> ¿Pero sabes, Señor?, yo ignoraba que tus obras son buenas, siempre buenas; que tu voluntad rebasa, y por mucho, a mis sueños y aspiraciones más encumbrados.
>
> Hoy sé que en esos momentos oscuros me permitiste ver mis errores, no para llenarme de culpa o para hacerme sentir pecador y miserable, sino para aprender de ellos, para perdonar lo que era necesario perdonar, para adquirir la fuerza que brinda el enfrentar nuestros propios errores y, así, comenzar a creer en mí.

Juan Salabim se vistió con diligencia, como disfrutando cada uno de sus movimientos, valorando cada una de las prendas que comenzaban a cubrir su cuerpo, agradeciendo, infinitamente y desde lo más profundo del corazón, el milagro de la existencia, el privilegio de ser parte de la naturaleza y de la expresión del amor y la inteligencia del Creador.

Enseguida abrazó y besó agradecido al árbol que le había servido de tendedero y que antes le había mostrado la frase que estremeció su corazón hasta lo más profundo. Luego quiso encontrar los árboles que había pateado en su enojo, pero parecía imposible reconocerlos. No obstante, entendió que al abrazar y besar a uno solo se estaba reconciliando con la naturaleza entera. También comprendió que desquitarse con criaturas inocentes lo había hecho perder dignidad y respeto. Ya había aprendido que todo aquello que afecta a un inocente se vuelca contra el agresor en forma de miseria, dolor, culpa, miedo y soledad.

No cabía duda, Juan Salabim se encontraba hondamente transformado después de esa maravillosa experiencia, y comenzaba a sentir apetito. Tuvo el impulso de ir a levantar los alimentos que con anterioridad había tirado en el suelo, cegado por la ira y la impotencia. Pero una voz silenciosa que hablaba desde lo más profundo de su corazón dijo: "No, Juan, tu provisión viene del cielo, no del suelo".

No obstante, Juan se dirigió hacia el sitio en el que él recordaba que había tirado los alimentos. La luna, las estrellas y cada criatura del universo detuvieron la respiración por un instante; temían que su esfuerzo hubiera sido inútil, que Juan Salabim hubiera regresado a las andadas.

Pero grande sería su sorpresa cuando Juan Salabim llegó al sitio en donde, en efecto se encontraban los alimentos dispersos en el piso. Juan sólo recogió lo que no era biodegradable, lo que se podía convertir en basura y dañar a los habitantes del bosque, y a pesar de que su apetito era voraz, dijo: "Si mi provisión viene del cielo, en Dios tengo que confiar, además hay que compartir con los animalitos del bosque".

Todas las criaturas del universo respiraron al unísono y manifestaron una expresión de alivio al observar la actitud de Juan Salabim. Éste levantó las manos y la mirada en dirección al cielo y dijo: "¡Gracias por todo, Señor, gracias por tanto, porque vuelvo a creer en Ti y al fin comienzo a creer en mí!"

No había terminado de hablar cuando, ante su vista, apareció un grupo de ardillas, las que depositaron a sus pies unas frescas y hermosas bellotas, y así, riendo y corriendo, desaparecieron de la vista de Juan Salabim.

Sin miedo al miedo

Después de ingerir las bellotas, que Juan Salabim había disfrutado como el más exquisito manjar, depositó algunas en su valija, pero le llamó mucho la atención una de éstas, la más pequeña, la que parecía la más insignificante de todas. Y como si Juan Salabim adivinara el sentimiento de temor e inseguridad que se albergaba en la más diminuta semilla, Juan le dijo con gran cariño: "Tú también, pequeña, estás destinada a convertirte en roble".

Y haciendo y diciendo Juan Salabim comenzó a excavar un hoyo de regular tamaño, pero de gran profundidad; con sumo cuidado depositó la semilla en la tierra, la cual, por lo húmedo de ésta y por su propio peso, comenzó a deslizarse con rapidez hacia lo hondo. "No tengas miedo pequeña –dijo Juan Salabim, y agregó–. No vayas a pensar que Dios ya se olvidó de ti o que ya te agarró de marchante".

Esto último lo dijo sonriendo, como si recordara sus propios sentimientos cuando pensó que Dios estaba enojado con él. Enseguida, comenzó a rellenar de tierra el agujero y, una vez más dirigiéndose a la bellota, le dijo con voz firme: "Aunque todo se ponga oscuro, no le tengas miedo al miedo; la fuerza de la vida vive en ti, además, recuerda que vas a ser roble, sí, ¡un enorme y hermoso roble!"

No acababa de pronunciar estas palabras cuando la oscuridad comenzó a cubrir de nuevo la noche, que en realidad apenas hacía poco tiempo se había comenzado a instalar y se había visto interrumpida por el evento en que las criaturas del universo cooperaron para recordarle a Juan Salabim cuánto lo amaba el Creador.

Juan Salabim comenzó a experimentar un intenso miedo cuando percibió de nuevo cómo la oscuridad de la noche era violentada por rayos y centellas que anunciaban tormenta, pero las palabras que apenas acababa de pronunciar a la bellota que había sembrado en la tierra comenzaron a retumbar en sus oídos y su corazón: "No le tengas miedo al miedo, la fuerza de la vida vive y palpita en ti".

Una vez más las criaturas del universo habían confabulado para recordarle a Juan Salabim que no estaba solo, que Dios mismo residía en su interior. Sin duda, estas palabras tuvieron el efecto esperado, pues de inmediato se levantó y se preparó para enfrentar o más bien encontrar el lado positivo de la situación que comenzaba a vislumbrar.

No obstante, el ruido que hacían los habitantes del bosque, el crujir de las ramas y hasta su propia respiración comenzó a exacerbar su miedo, pero esta vez estaba dispuesto a luchar, a enfrentar el miedo y a no dejarse vencer por él sin antes descubrir sus propias posibilidades, no sin intentar aplicar la fuerza de la vida y los recursos que sabía que habitaban en él.

Aprovechando la luz que irradiaban los relámpagos en el cielo Juan Salabim buscó su valija, la cual había dejado en alguna parte cercana justo antes de que se dispusiera a sembrar aquella bellota que había llamado su atención.

Cuando la divisó se dirigió a ella, la recogió y de inmediato la colocó en su hombro; con gran avidez buscó la fotografía de sus seres queridos, la sacó y la abrazó con fuerza y una a una de las imágenes las besó, con gran cariño, con infinito amor.

La noche parecía más oscura; los ruidos más intensos y misteriosos. La tormenta anunciada comenzó a aparecer con una fina pero intensa llovizna que, en esta ocasión, Juan Salabim percibió como una caricia de Dios. Enseguida, besó una vez más la fotografía de su amadísima familia y, para que no se mojara con la fina lluvia, con gran rapidez y diligencia la guardó con cautela en el bolsillo secreto de su valija.

Al depositar la valiosa fotografía en la bolsa con cierre Juan Salabim se dio cuenta de que el morral de las canicas no se encontraba en su lugar. Su primer pensamiento fue que alguien podía habérselas robado, pero le pareció extraño que el paliacate con el oro que le había regalado el alquimista permaneciera en su sitio.

La oscuridad de la noche, la intensidad de la tormenta, los ruidos indefinibles, que parecían hacerse más intensos en medio de la oscuridad y la desaparición de las canicas, permitieron que el miedo comenzara a instalarse de nuevo en el corazón de Juan Salabim. "Parece que el miedo aprovecha la más mínima oportunidad para instalarse con soberanía", decía Juan Salabim para sí, pero éste escuchó una vez más una voz que salía de su propio corazón, del de todas las cosas, que no era otra cosa más que el propio corazón de Dios: "Juan, Juan Salabim, no le tengas miedo al miedo".

Juan enseguida hizo el intento de sacar la espada de plástico, aquélla que su hijo Juanito había bautizado como *la espada del valor y la verdad*, pero de nuevo la voz que parecía salir del corazón le dijo: "No, Juan, todavía no llega la hora de utilizar la espada, sólo pide guía y orientación divinas", a lo que Juan exclamó de inmediato: "Pero es que no tengo las canicas, no tengo a la mano la canica dorada, de la cual emana el rayo dorado de la sabiduría".

"Juan –insistió una vez más la voz que emanaba del corazón– sólo pide guía y orientación divina". De inmediato Juan Salabim, con gran confianza y fe, invocó la sabiduría divina, y al instante se vio cubierto por una luz dorada que brotaba del cielo y, como la vez primera que tuvo contacto con ella, la luz le mostró el sitio en el que se encontraba tirado el morral que contenía aquellas canicas que parecían mágicas.

Entre todas ellas resaltaba la de color azul, al tomarla entre sus manos el color de la luz dorada que lo envolvía se transformó también en azul. De inmediato Juan Salabim experimentó una sensación de protección indescriptible que lo hizo repetir casi sin darse cuenta: "Si Dios en mí, quién o qué contra mí".

Con sumo cuidado Juan Salabim depositó la canica azul en el raído costal y sólo imaginó que la luz azul de protección y voluntad divinas lo cubría, y ésta se volvió a instalar alrededor de él extendiéndose hasta donde alcanzaba su vista.

Juan estaba encantado con este descubrimiento, ahora sabía que podía invocar el poder de las luces con sólo imaginarlo. Creyó que ya no necesitaría las canicas, pero pensó que éstas podrían servirle a alguien más, tal vez a alguno de sus hijos. Además, las canicas no pesaban gran cosa ni ocupaban gran espacio, y servirían de recuerdo y de trofeo que le permitieran recordar siempre que por medio de ellas había logrado descubrir el magnífico don de la visualización, el poder de la imaginación en su máximo esplendor.

Bajo el amparo de la luz dorada, la cual invocó cuando tuvo dudas de hacia dónde dirigir sus pasos, percibió la

entrada de la cueva que había sido su refugio cuando, agobiado por el miedo, *Plata* había partido por rumbo desconoci-
cido. Por unos momentos se apoderaron de él la tristeza y la
nostalgia, pero enseguida dijo: "Hágase tu voluntad, Señor, y
ya no más la mía, porque la mía, al ser humana, es mezquina
y egoísta. Gracias te doy de antemano, Señor, por el infinito
bien que haces llegar a mis manos".

La luz azul se instaló de nuevo cubriéndolo como una
cápsula envolvente a lo largo del tramo que tuvo que caminar
y permaneció incluso cuando él se dispuso a descansar.

Sólo faltaba una cosa: voltear al cielo para saludar a la
luna y las estrellas, pero éstas se encontraban ocultas tras
las densas nubes, sin embargo, Juan Salabim sabía que, aun
cuando no pudiera percibirlas con los ojos del rostro, ellas se
encontraban en su lugar, por lo que sin dudarlo hizo un ademán en seña de despedida y dijo: "Buenas noches, amigas,
gracias por todo, gracias por existir".

Juan Salabim se acurrucó en el suelo y se dispuso a dormir. En silencio se despidió también de su madre y le pidió sin
exigencias que pudieran reencontrarse en sueños, que pudiera
verla una vez más.

Juan Salabim abrió muy bien los ojos para ver si veía a
su mamá alrededor. Al no percibirla ni ver ni escuchar signo
alguno de su presencia Juan experimentó de nuevo temor y
angustia. Las preguntas comenzaron a aparecer en su mente una a una; pensamientos de duda e inquietud se sucedían
unos a otros, pero esta vez, como respuesta, Juan Salabim invocó la luz verde de la verdad y, por fin, pudo escuchar la voz
del corazón que le decía: "Tu madre es como las estrellas y la
luna, aun cuando no logres percibirla con los ojos del rostro,

ella siempre está ahí, vive por siempre –si tú se lo permites–
en tus pensamientos y en tu corazón".

Juan comenzó a quedarse profundamente dormido, no
sin antes pedirle a la luz azul de la protección y la voluntad
divinas que cubriera a cada uno de sus seres amados, aun a
la distancia.

El encuentro con Juan Business, Juan Trampím y Juan Lying

Fue el sol quien con su luz y su calor despertó a Juan Salabim en ese mágico y maravilloso amanecer. El cielo estaba claro y sin nubes, parecía que la tormenta de ayer había despejado el cielo que se mostraba de un azul esplendoroso. Había pocas nubes en el firmamento, pero éstas eran blancas como figuras de algodón.

Después de saludar al astro rey y darle gracias al Creador por el nuevo día, por esa nueva y maravillosa oportunidad, Juan Salabim se quedó extasiado contemplando las figuras que formaban las nubes: una semejaba una ballena, otra una casita de algodón, aquélla otra un caballo blanco con alas que parecía dirigirse hacia él. Cuando Juan percibió esa imagen cerró los ojos y se entristeció por el recuerdo de su querido amigo, que apenas hacía poco tiempo aparentemente lo había abandonado, pero cuando los abrió percibió que no era una nube con forma de caballo, era *Plata* quien, de manera veloz y afectuosa, se dirigía hacia él.

Juan Salabim comenzó a brincar y a estirar las manos en señal de gusto. El caballo aterrizó muy cerquita de él, abatía las alas en señal de alegría y cariño. Ambos se estrecharon fuertemente, y *Plata* comenzó a empujarlo con el hocico, como invitándolo a montar en su lomo. De un salto Juan Salabim lo montó y se aprestó a experimentar una nueva aventura.

Antes que nada le agradeció a Dios este nuevo encuentro y le pidió que los guiara a ambos conforme a la sabiduría y voluntad supremas. En el acto una luz dorada radiante los cubrió.

Plata emprendió el vuelo, y en menos que canta un gallo se encontraban en una moderna e impecable ciudad, en donde destacaban dos inmensas estructuras de hierro. Parecían ser modernos y avanzados centros de negocios. A primera vista a Juan Salabim le parecieron conocidas esas colosales estructuras, parecía ser el sitio en que había estado en algunas ocasiones con el fin de tratar grandes negocios, mismos con los que consiguió jugosas ganancias tanto para la empresa en la que prestaba sus servicios como para él.

El caballo aterrizó en el techo de una de ellas, en lo que parecía ser un helipuerto. Tantas eran las prisas y las carreras de la gente en las calles que, a pesar del aspecto tan peculiar del caballo y su jinete, nadie se percató de su llegada.

Cuando Juan Salabim desmontó Juan sin Apellido le dio la bienvenida, éste último ahora vestía un impecable traje sastre de corte inglés, tenía el cabello largo y canoso, el cual mantenía recogido en una coleta hacia atrás, olía a loción fina, la barba y el bigote, que en los encuentros anteriores parecían descomunales, en esta ocasión se encontraban finamente recortados y cuidados.

Juan Salabim lo saludó con afecto, aunque sumamente extrañado. Juan sin Apellido sólo sonrió con malicia y le ofreció un fuerte pero falso abrazo. Juan Salabim de momento se sintió reflejado en la imagen de Juan sin Apellido, en relación con su antiguo aspecto de todo un hombre de negocios. Pero sin lugar a dudas prefería verlo en otras circunstancias, incluso cuando olía mal y tenía apariencia de mendigo o hasta cuando traía la estrafalaria vestimenta de mago Merlín, pues ahora su mirada era diferente, sólo inspiraba temor y desconfianza.

Juan Salabim, tratando de justificar esa sensación de molestia, se dijo: "Tal vez sea un poco de celos o envidia de mi parte, porque él luce impecable y yo parezco sacado del basurero municipal". En efecto, la barba crecida de varios días, la ropa que vestía, aun cuando era elegante y fina, desaliñada después de la tormenta del día anterior, así como las diversas manchas de lodo dejaban entrever su condición y hablaban de las muchas ocasiones en las que había comido y hasta dormido en el suelo.

"Pero independientemente de que esto sea así, no deja de disgustarme su mirada y su trato tan frío y distante", se decía Juan, pues sentía que, a pesar de que en los encuentros anteriores el intercambio de palabras había sido mínimo entonces, lo había percibido más cálido, más afectuoso, más sincero. Juan Salabim se dijo: "No cabe duda de que una sola mirada, una simple sonrisa puede decir tanto".

En esos pensamientos estaba Juan Salabim cuando lo interrumpió Juan sin Apellido diciendo: "Traes suficiente oro, ¿verdad, muchacho?" Juan Salabim sólo acertó a asentir con la cabeza, señalando con su mano la valija. Juan sin Apellido le dijo: "Deja aquí a *Plata* y dirígete al despacho 452 de esta misma torre y pregunta por Juan Business". Enseguida se frotó las manos con signos de avaricia, y con una mirada de codicia despidió a Juan Salabim, que no atinaba ni siquiera a cuestionar al anciano. Sumiso y cabizbajo se retiró encargando al caballo con él.

Cuando llegó al lugar indicado se dirigió a la recepcionista del lujoso despacho y preguntó por Juan Business como si ya lo esperara. Ella le pidió con cortesía que tomara asiento y esperara un momento.

No dejaba de sorprenderle a Juan Salabim lo espacioso y lujoso del lugar, pero más aún el hecho de recordar ese sitio como un lugar conocido o muy similar a aquél en el que ya había estado en otras ocasiones.

Juan Salabim se encontraba ensimismado en sus reflexiones y recuerdos cuando la secretaria lo invito a pasar a un despacho de descomunales proporciones y lujo exuberante. Detrás del escritorio estaba sentado un tipo muy parecido a él mismo, pero más, mucho más semejante a Juan sin Apellido en su faceta de hombre de negocios.

Después de darle la bienvenida e invitarlo a tomar asiento enfrente del elegante escritorio, de inmediato Juan Business, frotándose las manos y con una mirada muy similar a la que había mostrado Juan sin Apellido cuando lo interrogó respecto al oro, le dijo: "Sé que traes contigo una importante cantidad de oro macizo, ¿no es así, muchacho?" Juan Salabim sólo atinó a asentir con la cabeza y a decir en voz baja y trémula: "Así es, en efecto, señor Business".

No terminaba esa frase Juan Salabim cuando Juan Business ya le estaba pidiendo café, refrescos y algunos canapés a su secretaria por medio del intercomunicador. A Juan Salabim le brillaron los ojos por la posibilidad de llevar algún alimento sustancioso y una bebida caliente a su castigado estómago.

Casi al momento apareció la guapísima secretaria portando una charola de plata con apetitosos bocadillos. Después de preguntarles a ambos sobre su bebida de preferencia se aprestó a servir el café en vistosas y finas tazas de porcelana. Juan Salabim sin disimulo alguno comenzó a ingerir los bocadillos olvidándose de las reglas de educación, de las buenas maneras y de la etiqueta social, diciéndose: "A mí que me perdone el viejito, pero me estoy muriendo de hambre, además si voy a pagar con oro puro este desayunito, pues siquiera que valga la pena".

Esta manera de pensar lo hizo reflexionar sobre la conducta convenenciera y mezquina, que él mismo había mostrado en casi todas las transacciones de su vida, no menos molesta que la que mostraba el hombre que tenía frente a sí y que en ese instante le recordaba su propia manera de pensar y actuar cuando realizaba algún negocio o transacción; cuando en aras de la supuesta ganancia empeñaba el alma, pagando demasiado caro lo que de momento obtenía; o cuando sólo veía su propia conveniencia y el monto de lo que podía ganar y se olvidaba del beneficio que se tendría que entregar o el costo que se tendría que pagar, de manera que ignoraba siempre la responsabilidad de que sus manejos fueran equitativos y justos.

Juan Salabim se sintió avergonzado por esa actitud y al instante apartó los bocadillos y el café que tenía frente a sí, y se dijo en silencio: "Cualquier cosa que se tenga que pagar con la propia dignidad resulta demasiado cara; cualquier negocio, por atractivo que parezca, si despierta en mí la codicia y la mezquindad, no vale la pena. Además, siempre resulta demasiado costoso lo que se paga en aras de la conveniencia o la satisfacción inmediata".

Juan Business se sorprendió por la conducta de Juan Salabim, pero como él en realidad no estaba interesado en que éste se alimentara o no, continuó con sus evidentes intenciones de hacer negocios con él, por lo que de inmediato le dijo: "Mire, Juan Salabim, quiero mostrarle algunos negocios a los que seguramente no podrá resistirse, pero antes permítame presentarle a mis socios", a los que de inmediato hizo llamar por el intercomunicador.

En un instante hicieron su aparición en escena dos personajes que parecían ser los hermanos mellizos de Juan Business. Lo único que permitía diferenciarlos era el color de su vestimenta: uno vestía un impecable traje beige, que contrastaba con el café tabaco que vestía Juan Business, mientras que el otro vestía un finísimo traje de color gris oscuro.

El primero de ellos se identificó como Juan Trampim y el segundo como Juan Lying. Los tres juntos parecían uno solo, sobre todo por la mirada de ambición que provenía de sus ojos. Juan Business los invitó a pasar a la sala de juntas para que pudieran apreciar mejor las ofertas que quería mostrarles.

Ya estando instalados en la descomunal y espléndida sala Juan Trampim le pidió a Juan Salabim una muestra del oro que tenía. Éste sacó una moneda de la alforja y se la entregó a aquél, quien no pudo disimular su codicia, pues se la arrebató de forma brusca de la mano, y se la llevó de inmediato a la boca para probar con la clásica mordida que fuera oro macizo. Su mirada no dejaba lugar a dudas de que tenían ante sí un fantástico prospecto para sus negocios.

Juan Salabim pudo observar cómo con habilidad Juan Trampim cambiaba la moneda de oro por una de similar tamaño que sacó de su bolsillo, por lo que comenzó a experimentar un gran temor al imaginar que podía perder el oro que era todo lo que poseía. "Todo lo que posees es a ti mismo, Juan Salabim", respondió la voz que emanaba del corazón.

"Es otra vez el miedo –dijo para sí Juan Salabim–, por lo que se ve éste no desaprovecha la más mínima oportunidad para hacerse presente", pero recordó las sabias palabras que había escuchado de su corazón no hacía mucho tiempo: "No le tengas miedo al miedo", y de inmediato imaginó que una luz azul lo cubría de pies a cabeza; se sintió protegido e invencible. En silencio le pidió a la sabiduría divina que fuera su guía constante, y visualizó una luz dorada que lo envolvía y lo hacía sentir confiado y en paz.

En ese estado interior de paz y confianza se aprestó a escuchar las propuestas que los tres singulares personajes le harían. Juan Business le mostró en una pantalla la imagen de un bosque esplendoroso, del cual le dijo había adquirido los derechos para realizar una tala total. Juan Salabim se estremeció cuando reconoció en aquellos parajes el bosque del que no sólo él, sin darse cuenta, había sido su vecino protector durante largos años, sino también su compañero y anfitrión en la aventura que había iniciado y que le había permitido reconciliarse consigo mismo, con la vida, con su madre y con Dios.

Juan Trampim agregó: "Imagínate, Juan, todos estos árboles convertidos en papel desechable y en lápices de duración limitada que desde luego podemos hacer aparecer en el mercado internacional como de larga duración e incluso como reciclables".

Cuando observó la cara de susto en Juan Salabim, Juan Lying agregó: "Pero no te alarmes, Juan, estamos estudiando la forma de reforestar en sólo unos meses". "¡En sólo unos meses!, ¿lo que la naturaleza ha hecho crecer en siglos?", pensó Juan Salabim.

Como si los tres adivinaran los pensamientos de Juan Salabim propusieron otro negocio y mostraron en la pantalla imágenes de mantos petroleros que, según Juan Business, podían explotar de manera inmediata y obtener inigualables beneficios económicos. Juan Trampim se apresuró a agregar: "Por la gente de las poblaciones aledañas que se verían afectadas ni te preocupes, ya tenemos todo arreglado para su desalojo inmediato".

Juan Lying continuó: "Desde luego que serán reubicados en zonas residenciales, con todas las comodidades y hasta con lujos; con decirte que hasta estamos pensando en ponerles una alberca en cada casa".

"Pero si lo prefieres, tenemos esta otra opción", exclamó Juan Business y mostró en la pantalla gigante redes de agua potable que se podían contaminar para después vender el agua descontaminada a los pobladores a altísimo precio. Como siempre Juan Trampim expresó que ya tenían *arreglados* los permisos correspondientes, y Juan Lying complementó: "Y desde luego que esto ya se tiene previsto, pues pensamos vender vacunas a muy bajo costo para evitar enfermedades y por supuesto obtener enormes ganancias".

Juan Salabim no lograba articular palabra ante la sorpresa e indignación que le causaba la exposición tan cínica que los tres hombres le ofrecían, pero la capacidad que había adquirido para identificar sus propias emociones lo hizo reflexionar que lo que en verdad le molestaba era verse reflejado en ellos y recordar todo tipo de negociaciones en las que puso en juego la seguridad y hasta la vida de muchos implicados, así como el impacto social y ecológico de los negocios que les aportaron espectaculares ganancias a él y la empresa en la que laboraba.

Juan Salabim se sentía agobiado, hondamente afectado al observar en ellos lo que de forma reiterativa había sido su estilo de vida, su propia manera de subsistir. Profundamente apenado pidió permiso para retirarse un momento; tenía ganas de gritar, de llorar, de salir corriendo de ese lugar que lo hacía sentir tan mal.

Sólo se le ocurrió preguntar dónde estaba el sanitario, y pidió permiso para retirarse por unos momentos; de manera gentil los tres hombres le señalaron el lugar que solicitaba, pero antes de que Juan se retirara, Juan Trampim le dijo: "Deja tu valija aquí", y en un ademán que fingía que sólo señalaba la alforja extrajo un puñado de las valiosas monedas. Enseguida, Juan Lying agregó: "Nadie va a robarte nada, déjala con confianza".

Pero Juan Salabim ignorando tales solicitudes agarró su valija y la colocó en el hombro de la manera acostumbrada, y asiéndola fuertemente se dirigió al baño. Ya en la soledad y aislamiento de ese lugar Juan Salabim se echó agua en la cara, y al ver reflejado su rostro en el espejo percibió en éste el rostro y la mirada de los tres hombres que lo esperaban afuera. Y la mirada de Juan sin Apellido, en este último encuentro, la mirada que tan mal lo había hecho sentir.

Fue demasiado el impacto de verse reflejado en aquello que tanto detestaba, de ser él mismo actor y cómplice de tantas y tantas situaciones en las que, sin fijarse ni siquiera un instante en las posibles consecuencias que podrían generar sus negociaciones, iba escalando puestos hasta ocupar uno de los más altos niveles en la que hasta hacía poco tiempo había sido su empresa.

Ahora Juan Salabim se cuestionaba a sí mismo diciendo: "Y todas esas ganancias, para qué me sirven, como si con ellas pudiera comprar una familia, el cariño de mis hijos, un beso de amor de mi adorada Eva o tan siquiera un poquito de respeto a mí mismo".

Juan Salabim, apenado y acongojado, comenzó a deslizarse con bastante lentitud hasta el piso, y con el rostro entre las manos comenzó a llorar una vez más como un chiquillo al percibir que antes de perder el empleo, antes, mucho antes de perder a su familia y su hogar, había perdido conciencia y dignidad, porque había empeñado el alma por un puñado de monedas que, aunque fueran de oro, como el que portaba en su valija, no lograban comprar ni un instante de paz, mucho menos dignidad, dimensión humana ni, por lo menos, un poco de esperanza.

En esas reflexiones se encontraba Juan Salabim cuando pudo escuchar tras la pared cómo los tres hombres hacían planes para despojarlo de su valioso cargamento. Uno y otro hacían sugerencias para quedarse con las monedas de oro que de forma tan generosa le había obsequiado Juan Alquimia, pues al percatarse de que Juan Salabim no se había entusiasmado con ninguna de las propuestas de negocio sería muy difícil engatusarlo con alguna otra alternativa, y de ninguna manera estaban dispuestos a dejarlo partir con tan valiosa carga.

Juan Trampim fue el primero en proponer un asalto a Juan Salabim cuando éste saliera de las instalaciones. Los otros dos estuvieron de acuerdo, ya sólo faltaba llamar a sus cómplices para que realizaran el *trabajito*.

Juan Salabim comenzó a experimentar un miedo descomunal, un intenso frío comenzó a recorrer la columna vertebral sin poder controlarlo, comenzó a sudar copiosamente y a temblar de pies a cabeza.

La voz del corazón le decía a Juan Salabim: "No le tengas miedo al miedo", pero en esta ocasión éste contestó en silencio: "Por más que quisiera no tenerle miedo al miedo no puedo, es más, tal parece que mientras más lucho por no experimentarlo más crece y se apodera de mí, porque tú has de entender –continuó Juan Salabim– que no es lo mismo tener miedo a perder dinero, cosas materiales, que tener miedo a perder la vida misma".

"Juan Salabim, jamás veas la magnitud de lo que puedes perder ni te preocupes por lo que pudiera pasar; ocúpate de lo que debes hacer con lo que tienes", dijo la voz silenciosa que salía del corazón. Pero esta vez el miedo no le permitió escuchar la voz que hablaba en silencio, y quiso evadir, escapar de esa situación, como en tantas ocasiones lo había hecho cuando éstas no eran favorables.

Pensó que Dios lo estaba castigando por su conducta anterior. Ya estaba a punto de enojarse como tantas otras veces lo había hecho con Él cuando las cosas se ponían difíciles, cuando las cosas no salían como él lo esperaba; ya estaba a punto de iniciar una serie de reproches y reclamos dirigidos contra el Creador, pero de su propio corazón logró escuchar: "Juan Salabim, si conoces a Dios, ¿por qué dudas de Él?"

Entonces Juan Salabim comenzó a sentirse culpable y avergonzado con Dios, pero una vez más la voz potente y silenciosa del corazón le dijo: "La culpa sólo acarrea castigo y sufrimiento de manera inconsciente; ¡no la aceptes, Juan!, mejor actúa.

Su primer plan fue escapar por la ventana, pero se detuvo en seco cuando se percató de que el sitio donde se encontraba estaba ubicado en el piso 40 de aquella inmensa torre. Entonces pensó en aceptar alguno de los tratos que le ofrecían… "Para salvar el pellejo", se dijo Juan Salabim.

Pero éste estaba cubierto por la sabiduría divina, la cual había invocado antes de comenzar esta nueva aventura, por lo que fue capaz de escuchar una vez más la voz silenciosa de su propio corazón que le decía: "Lo que te convierte en un hombre libre es lo que enfrentas, no lo que evades; lo que logras transformar, no aquello que tratas de disimular con máscaras de hipocresía y falsedad, pues éstas sólo logran envilecerte, hacerte sentir culpable, agregan fango y peso a tu carga material".

Juan Salabim se puso de inmediato de pie y comenzó a imaginar un arcoíris cuya luz lo envolvía, y al no saber a ciencia cierta cuál sería la luz más conveniente para enfrentar esa situación, pidió guía y orientación divinas una vez más.

Como respuesta una luz dorada lo cubrió con suavidad, y con profunda convicción Juan invocó la luz azul de protección y voluntad divinas y, enseguida, la luz verde que le mostraría la verdad que lo hace libre.

Con esta fuerza interior y bañado en su imaginación por las luces del arcoíris se aprestó a salir para enfrentar la situación.

Una lección de amistad

Al entrar Juan Salabim a la sala de juntas, donde momentos antes había dejado a los tres hombres, se percató de que había varias personas más, y lo más curioso es que todas le parecían conocidas. Poco a poco fue identificando el rostro de cada una, y enorme fue su sorpresa cuando identificó en cada una de ellas a algún amigo, una amiga, incluso a aquéllos de la infancia u otros que, aun cuando él no les había dado importancia, tuvieron muestras de sincera amistad hacia él en el trayecto de su existencia.

Sí, ahí estaban Tere, Julieta, Luis, Maclo, Orlando, Laurita, Héctor y Pepe, quienes, con mirada afectuosa y una amplia sonrisa, recibieron a Juan Salabim cuando entró en la sala de juntas. Juan, sorprendido, no hallaba qué decir, por lo que Tere dijo: "Venimos por ti, Juan". "Sí, pero primero regrésale las monedas que sacaste de la valija", agregó Orlando. "Y también la que le cambiaste desde el principio", insistió Pepe.

Maclo, diciendo y haciendo, tomó las monedas en la mano y dijo: "Ya podemos irnos".

Los tres hombres también se encontraban profundamente sorprendidos por lo que estaban experimentando. No sabían de dónde habían salido esas personas ni cuáles eran sus intenciones. En primera instancia pensaron llamar a seguridad, pero con una mirada de complicidad entre ellos y cegados por la codicia y el odio que les embargaba por la sola idea de desaprovechar lo que parecía una magnífica oportunidad para enriquecerse aún más. Dieron por entendido que llegarían hasta donde tuvieran que llegar. Discretamente Juan Lying sacó un arma de uno de los cajones que se encontraban próximos a él, y de manera inmediata, amenazó a los presentes diciendo que estaba dispuesto a quitarles la vida si era necesario, pero que de ninguna manera estaba dispuesto a perder ese negocio.

Juan Salabim pensó: "Qué rápido puede un mentiroso convertirse en criminal, en asesino".

Juan Salabim pensó utilizar la espada que portaba en la valija, pero, antes de poner manos a la obra, tal como ya se le estaba haciendo costumbre, pidió en silencio, como en una oración, la sabiduría divina, la orientación de Dios. Como respuesta su corazón le dijo: "Imagina una luz violeta que cubre a tus agresores". Juan lo hizo de manera inmediata y, al instante, Juan Lying soltó el arma.

Juan Salabim y sus amigos estaban descubriendo la magia de la luz del perdón. Enseguida, la voz del corazón instó a Juan Salabim a cubrir a sus enemigos con una luz rosa, la luz que expresa el amor divino, el amor de Dios, y al hacerlo los tres hombres comenzaron a llorar, como si en ese instante apenas se dieran cuenta de lo que pretendían hacer.

De manera casi instantánea los tres pidieron perdón de todo corazón y le dieron un abrazo a Juan Salabim y a cada uno de sus acompañantes. Parecía que un sentimiento de amor y amistad prevalecía en la habitación.

Al dirigirse hacia fuera Juan interrogó a sus amigos diciendo: "Pero ¿qué hacen ustedes aquí?, ¿cómo supieron que los necesitaba y en donde me encontraba?, a lo que Laurita respondió: "Los amigos siempre están cuando y en donde

deben estar". "Los amigos, Juan –agregó Héctor–, simplemente están."

Sin mediar más palabras uno a uno abrazó a Juan con
un gran cariño y con lágrimas en los ojos se despidieron de él
diciendo: "Hasta la próxima, Juan; hasta siempre, amigo".

Juan Salabim experimentaba la sensación de tener un
nudo en la garganta, una emoción inmensa e indescriptible
en el corazón... había descubierto el valor de la amistad, la
amistad que trasciende tiempo y espacio, y que siempre está
cuando debe estar.

Juan Salabim se dirigió al helipuerto a recoger a su amigo
alado. Al encontrarse de nuevo frente a Juan sin Apellido, descubrió en éste una mirada profunda y serena como el océano
en un atardecer.

Ambos se dieron un gran abrazo. En Juan Salabim este
abrazo dejaba la sensación de que estaba abrazando a todo lo
que representaba la amistad, a la amistad misma.

Ambos tenían los ojos arrasados de lágrimas. Juan sin
Apellido fue el primero en hablar, dijo: "Gracias, Juan, gracias
por recordarme lo que puede hacer el perdón, lo que puede
hacer el amor y la amistad; gracias, Juan" y sonriendo se alejó
hasta desaparecer con rapidez de la vista de Juan Salabim.

Juan Salabim no lograba entender lo que estaba sucediendo, menos aún por qué Juan sin Apellido le daba las gracias, pero él se sentía infinitamente bien. Comprendió que
hay cosas que no se pueden explicar con la razón, pero que se
sienten, se experimentan sólo en el corazón.

Plata se acercó a Juan Salabim, y a su manera intentaba
recordarle que él también era su amigo, su amigo de verdad;
que nada podría separarlos, pues un amigo permanece siempre, construyendo cada hoy, y con cada hoy la eternidad.

Una aventura final

Y así, los dos amigos juntos, caballo y jinete, surcaban el firmamento, experimentaban una sensación de armonía y libertad, observaban cómo el cielo se iba poblando de estrellas y cómo la luna comenzaba a ocupar un sitio privilegiado en el vasto horizonte. El sol en el ocaso todavía alcanzaba a teñir de rojos y naranjas el maravilloso paisaje cuando Juan Salabim se percató de que se encontraban sobrevolando las montañas de arena. Parecía un desierto en cuya superficie se encontraban montadas casas de campaña de descomunal tamaño y exquisito lujo.

Había lámparas de petróleo dispersas por todo el lugar que, a pesar de ser un lugar desértico, estaba atiborrado de alcatraces colocados en enormes jarrones que parecían ser de oro macizo. Aun en las alturas se alcanzaba a escuchar música de todo tipo. El volumen era demasiado alto y, ante tal magnitud de sonido y confusión de ritmos, la música parecía estimular los sentidos y confundir el alma.

Juan Salabim y *Plata* aterrizaron en el sitio donde se encontraban numerosos caballos y camellos. En esta ocasión nadie le dio la bienvenida, y pronto el caballo se confundió entre la multitud de bestias que estaban en el lugar. Acariciándole el lomo Juan se despidió de su amigo, y se dirigió hacia donde se escuchaban las voces y las risas de una gran muchedumbre.

En lo que parecía ser el portal de entrada se encontraba un hombre vestido a la usanza árabe. Tenía puesta una capa de colores pastel realizada con seda finísima entretejida con hilos de oro. La cabeza la mantenía cubierta con un turbante del mismo material.

Juan Salabim pensó que era Juan sin Apellido quien lo recibía, pero el hombre lo sacó con rapidez de su inquietud al presentarse con él diciendo: "¿Qué tal, Juan Salabim? Mi nombre es Juan Pervertido. Juan sin Apellido me pidió que te diera la bienvenida, así que pasa, por favor".

La mirada de este hombre produjo escalofrío en Juan Salabim. En ella se reflejaba toda la maldad del mundo, no sólo la codicia y la hipocresía, sino todas las perversiones, no en balde le había dicho llamarse Juan Pervertido.

Sin lograr salir de su asombro y percibiendo el miedo que ya había comenzado a apoderarse de él Juan Salabim invocó la protección y la sabiduría divinas una vez más. Pudo observar cómo las luces dorada y azul se entrelazaban para cubrirlo desde los pies hasta una dimensión que rebasaba su cabeza y tocaba el cielo.

Juan Salabim se percató de que esta experiencia pasaba desapercibida para su acompañante quien, de manera insistente, lo invitaba a pasar a lo que parecía un edén. Primero le mostró un toldo de finas sedas que protegía una fantástica exposición de platillos y bebidas, entre las que destacaban las bebidas embriagantes. "Por supuesto que también tenemos de lo *otro*", dijo Juan Pervertido, y le mostró enseguida un sitio repleto de todo tipo de pastillas y drogas.

Juan Salabim sintió un vacío en el estómago y un nudo en la garganta, pues esto le recordaba su propia historia: sus fugas con la comida y el infierno de sus adicciones. Por si fuera poco, enseguida su anfitrión le mostró una tienda repleta de mujeres vestidas de manera seductora y provocativa. Juan Salabim comenzó a sudar copiosamente, como siempre que experimentaba miedo e inseguridad.

De pronto sintió la debilidad de sus defectos, la necesidad de su carne. Juan Pervertido sonreía de manera astuta y confiada; pensaba que Juan Salabim estaba a punto de caer en sus seducciones, por lo que de inmediato lo condujo a un sitio en el que los hombres y las mujeres de todas las nacionalidades bailaban de manera candente y persuasiva.

Juan Salabim comenzó a dudar, a justificar la posibilidad de tirar una canita al aire; después de todo merecía un descansito, y la verdad era que estaba muerto de hambre. Además, sólo bebería una o dos copas, no más, y desde luego algunas píldoras para dormir tranquilo y otras para despertar bien y obtener energía.

Cuando las estrellas observaron que Juan estaba a punto de sucumbir comenzaron a lanzar destellos desde el cielo. La luna se desplazó hasta quedar justo enfrente de la mirada de Juan Salabim. El viento comenzó a soplar fuertemente, recordándole al oído cuánto lo amaba el señor Dios, como en aquella primera vez cuando Juan Salabim corrió en dirección al viento jugando carreras.

Todo esto estremeció a Juan Salabim, parecía que había logrado captar el mensaje del universo, por lo que, antes de aceptar la insistente y sugerente invitación de su anfitrión, pidió un momento a solas. Juan Pervertido se retiró con discreción pensando que Juan Salabim quería contar su dinero en privado, sin embargo, éste aprovechó ese espacio para pedir la guía divina una vez más, que respondió por medio de la voz del corazón: "Juan Salabim, la decisión es tuya, solamente te corresponde a ti, pues tienes libre albedrío; sólo recuerda que es aquí donde las cosas comienzan o terminan".

Juan Salabim se estremeció hasta lo más profundo de su ser. Se sintió hondamente apenado, avergonzado cuando enfrentó el hecho de que justamente en situaciones como ésas, bajo la complicidad aprobatoria de quienes se decían sus amigos, y que hoy entendía que sólo eran sus cuates, había sucumbido ante la seducción para agredir su cuerpo, su mente y su espíritu; para engañar a su esposa y alejarse de sus hijos; para perder la conciencia, su propia dignidad y dimensión humana.

Pero más grande era su pena cuando se percató de cuán fácil era sucumbir ante la tentación, qué fácil resultaba engañarse a sí mismo y qué fácil era traicionar a Dios. Estaba a punto de romper a llorar una vez más cuando escuchó al viento que le susurraba al oído: "No, Juan, aquí no". Su propio corazón le dijo: "Juan Salabim, enfrenta el error para que aprendas de él, porque un error enfrentado es un peldaño de aprendizaje que te impulsa a conquistar el cielo; un error evadido o disfrazado es caída, es condena, es repetición de infiernos".

"Y, por favor, nunca olvides cómo comenzó tu caída, tu destrucción", continuó diciendo el corazón. Juan Salabim cerró los ojos y asintió con la cabeza como en señal de comprensión y aceptación, y enseguida levantó la voz para llamar a su anfitrión, pues sentía gran urgencia de alejarse de ese lugar.

Juan Pervertido, casi de inmediato, con su presencia respondió al llamado de Juan Salabim y, entre molesto y sorprendido, al ver su renuencia para participar de lo que parecía el inicio de una orgía, lo invitó a acompañarlo a unas tiendas que se encontraban separadas del resto. No queriendo evadir lo que de alguna manera tenía que enfrentar Juan pidió una vez más al cielo protección y sabiduría divinas, que al instante lo hicieron sentirse confiado y sereno.

Grande fue su sorpresa cuando observó que en una de ellas se encontraban jóvenes adolescentes, tanto hombres como mujeres, y ésta fue mayor aún cuando Juan Pervertido le mostró ufano lo que consideraba su carnada irresistible... ¡niños y niñas de todas las edades!

Su primer impulso fue golpear a Juan Pervertido, pero bien que sabía que el problema no era con éste, sino con él mismo, pero no pudo disimular su ira, asco y coraje, por lo que, con los ojos encendidos por la rabia, dijo: "Desgra...", pero no acababa de decir esa palabra cuando la voz del corazón le dijo: "Con la vara que midas serás medido".

Juan Salabim sintió que ya no podía más y salió corriendo como loco de aquel lugar que lo asfixiaba. No se dio cuenta de que el viento corría con él. Su dolor era muy grande, su vergüenza y su ira mayores; no supo cómo, pero llegó hasta el pie de un árbol frondoso en donde cayó arrodillado y, de nuevo con el rostro entre las manos, lloró y gimió como un niño que llora todo el llanto del mundo.

No le extrañó el hecho de que en medio del desierto estuviera un árbol, y menos aún, con esa belleza y frondosidad. Bien que sabía que los amigos siempre están en donde y cuando deben estar.

Juan Salabim intentó minimizar su angustia y desolación tratando de sentirse diferente y mejor, mucho mejor ser humano que Juan Pervertido, al decir para sí: "¿Cómo es que pudo llegar a tanto, cómo es que pudo llegar a esto, Señor?"

El corazón de Juan Salabim, que siempre hablaba con sabiduría divina, le dijo en silencio, pero con inmensa fuerza:

"¿Qué diferencia hay entre tú y él, Juan Salabim? ¿Todavía si-
gues pensando que tú no has llegado a tanto, que tú eres mejor
que él?"

Bien sabía Juan Salabim que no era mejor que nadie, que
no era diferente a Juan Pervertido y que, si bien, él creía que no
había llegado a tanto, no era por su virtud ni mucho menos por
sus valores; sabía que desde la primera copa que ingirió con
afán de tirar canitas al aire había comenzado a perder.

Hoy sabía que si no había llegado a tanto era por la gracia infinita del Señor, porque hoy se daba cuenta de que el
paso entre una degradación y otra es demasiado corto e im-
perceptible, mucho más aún para quien se encuentra bajo los
efectos de la droga y el alcohol, mucho más aún para quien ha
caído víctima de su propia inconsciencia, para quien ha perdido la capacidad de ver lo que sólo se percibe con el corazón,
para quien vive presa del autoengaño.

La sanación de las fracturas del alma

Juan Salabim no dejaba de llorar; le parecía imposible contener el llanto; era tanto su dolor, tanta su vergüenza, mucho mayor aún la rabia y la frustración que experimentaba. Recordaba cómo él mismo, cuando era apenas un niño, había sido acosado y hasta tocado sexualmente. Recordaba con dolor infinito cómo, cuando quedó huérfano de padre, cuando éste los abandonó a su madre y a él, presa del alcohol, alguien inconsciente, muy cercano a la familia, le había robado la inocencia, la niñez.

Parecía que no había suficientes lágrimas para llorar todo lo que había perdido, la vergüenza de verse convertido en aquello que tanto odiaba, y descubrir que él también había abandonado a su familia por el alcohol, las drogas y las continuas infidelidades. Y por si fuera poco ahora los había abandonado del todo al iniciar un viaje que parecía que no tenía fin, del que no había regreso.

Juan Salabim no lograba entender cómo era posible que él había repetido en su vida lo que un día, el día que los abandonó su padre, había jurado nunca volver a vivir; tampoco alcanzaba a comprender las razones que lo llevaron a ello. Recordaba cómo a sus escasos seis años se había jurado a sí mismo que cuando él tuviera su propia familia y sus hijos, jamás haría lo que en ese día fatídico su padre había hecho con él y con su madre.

Lloraba también por la inocencia perdida, por el dolor y el llanto de tantos niños que habían aprendido a llorar en silencio, que habían pensado que no valían gran cosa, que la vida no tenía sentido ni valor.

Juan Salabim se encontraba sumergido en sus pensamientos cuando de repente se dio cuenta de que frente a él se encontraba un niño pequeño que le decía: "Ya deja de llorar, Juan, es tiempo de actuar, de combatir". Juan Salabim se encontraba estupefacto por la sorpresa, no podía dar crédito a lo que veía y escuchaba.

El niño que tenía enfrente se parecía muchísimo al niño que había viajado en la cauda de un cometa con su madre; sólo que éste era más pequeño, parecía tener no más de seis años, pero estaba seguro de que era él mismo.

Como si el pequeño pudiera leer los pensamientos de Juan Salabim le dijo: "Sí, Juan, yo soy tu niño interior, a quien has tenido olvidado cubierto por el fango de la culpa y la autocondolencia".

Como de rayo, el pequeño saltó hacia Juan Salabim, se le prendó del cuello y le dijo:

Abrázame fuerte, Juan, dime quedito, así en secreto, en silencio, como en una oración, dime lo que tú mismo hubieras querido escuchar en aquellas oscuras y frías noches de infierno y soledad; dime que no soy culpable, que yo era sólo un niño aprendiendo a crecer.

Dime que ya no me dejarás solo, que jamás permitirás que alguien vuelva a lastimarme. Por favor, Juan, dime lo que el viento, las estrellas y todas las criaturas del universo te dijeron en aquella noche mágica y especial que llevas grabada en el alma y en el corazón.

Juan Salabim lo abrazó con fuerza y, con palabras entre-
cortadas por el llanto, le dijo una y otra vez: "Dios te ama, Juanito, Dios te ama, mi amor; ya nunca vas a estar solito, porque
desde hoy camino siempre contigo, y junto a los dos siempre
estará el Creador".

Como por acto de magia fueron apareciendo frente a él
otros niños que también, uno a uno, se le abrazaban al cuello
con el deseo de ser abrazados y confortados en ese momento de reconciliación de Juan Salabim consigo mismo, con su
niño interior, en las diferentes etapas de su infancia.

Cualquiera que lo hubiera visto habría pensado que estaba loco o drogado, que solamente se estaba abrazando a sí
mismo, hablando consigo. Pero en ese momento, en ese lugar
se estaba suscitando un milagro, aquél que permite traspasar
tiempo, espacio y geografía en un reencuentro con su propia
historia, con su niño interior.

Con ese abrazo, con ese reencuentro consigo mismo,
Juan Salabim, aun sin saberlo, estaba sanando fracturas del
alma que de manera inconsciente lo habían programado para
repetir una y otra vez aquello que ya no quería vivir, para dañar a quien más amaba y destruirse a sí mismo. Juan Salabim
sólo experimentaba la sensación de que algo se le acomodaba
en el alma, de cómo sanaba el corazón, sentía cómo recupe-
raba la alegría y la inocencia, las ganas de vivir.

Curiosamente fue Juanito, el pequeño que parecía tener
no más de seis años, el que primero se separó diciendo: "Bueno, Juan, es hora de dejar de llorar; es hora de luchar, de combatir hasta ganar".

Juan Salabim se puso de pie de inmediato sin dejar de
abrazar a los niños, que aún pendían de su cuello, y dijo:
"Claro, claro que es hora de combatir, ¿a quién hay que matar?"

De pronto Juanito sacó de entre sus ropas una espada blanca que empuñó en señal de combate. Era semejante a la que Juan Salabim portaba en su valija, la cual sacó de inmediato, y volvió a interrogar: "¿A quién tenemos que matar?" Todos los niños al unísono rieron de buena gana, y cada uno, incluso el bebé que parecía desplazarse con alas, empuñaba una espada similar.

Todos parecían estar preparados para... ¡el combate!

El combate

Frente a Juan Salabim apareció una serie de personas acompañadas de lo que parecía ser también un niño o una niña interior. Venían vestidos de blanco, con una letra dorada bordada en el pecho que él podía identificar como una *L*. Todos ellos parecían desplazarse volando como su propio niño interior, el más pequeño de todos, el que parecía ser sólo un bebé.

Sus ojos no lo engañaban; ahí estaban sus amigos de nuevo y además estaba Aurea, Gaby, don Ponchín, Vero, Chelita, Nachita, Edith, Sandy, Paty, Estelita, Magy, Miguel, Nemias, Kelly, Chucho, Cesarín, Itzel, Paco, Elvia y muchos más. Todos ellos eran personas que se habían mantenido leales a él, incluso en los momentos más difíciles, en los de adversidad. Ahora entendía que esa letra bordada cerca del corazón, la letra *L*, representaba la lealtad.

Grande fue su sorpresa cuando pudo distinguir a su madre entre los personajes de ese ejército tan peculiar. También ella venía acompañada de lo que parecía ser su niña interior. Juan Salabim corrió a abrazarla y, con infinito amor, depositó un beso en la frente de su madre y cargó a la niña, que reía al sentir tanto, tanto amor.

Cada uno de los niños interiores ahí presentes las abrazaron también y le entregaron una espada a la niña que, sin duda, disfrutaba de ese encuentro. Mientras le enseñaban a empuñarla, Juan Salabim observó una figura conocida pero casi olvidada: era la imagen de su padre. Sus características, totalmente diferentes a las de las personas que él recordaba como amigos y compañeros de trabajo, le hacían pensar que él también pertenecía al cielo en el que se encontraba su madre, que él también estaba muerto.

Sólo que de él no irradiaba luz alguna, más bien parecía una sombra. Su rostro reflejaba cansancio, dolor y soledad, y el niño interior que portaba se encontraba preso en su propio interior. Su mirada de tristeza y de anhelos de jugar y volar lo hizo comprender el por qué de las actitudes de su padre mientras vivió con ellos. Sin duda, también alguien inconsciente le había robado la inocencia de niño. La mirada triste y nostálgica le decía que desde muy chico había dejado de ser niño, que desde muy niño había tenido que trabajar para ayudar a sostener a su madre y sus hermanos, porque también a él lo habían abandonado en su infancia.

Era como si ese pobre niño llevara a cuestas el dolor y la vergüenza de toda una historia de generaciones, tragedias, abandono y soledad. Era como él mismo en un ayer distante cuando intentó convertirse en el hombrecito de la casa.

Juan Salabim solamente atinó a abrazar a su padre, quien se mostraba muy avergonzado de presentarse frente a él. No tenía palabras para explicarle sus ausencias, sus borracheras y arbitrariedades cuando vivía con ellos, mucho menos aún su abandono.

Juan Salabim lo abrazó con fuerza y le dijo: "Papá, nada tienes que explicarme ni decirme; si un solo reclamo o un solo por qué saliera de mis labios en este momento, el corazón mismo me silenciaría diciendo que la repuesta la tendría yo porque hice con mi familia lo que tú nos hiciste un día, y tú sólo hiciste lo que un día te hicieron".

"Pero, mira, papá, debemos darle gracias a Dios por el privilegio de poder abrazarnos, de poder decirte cuánto me has hecho falta, cuánto te amo y te quiero, papá". El hombre lo abrazaba con fuerza y, también llorando como un niño pequeño, le decía de forma repetida: "Perdóname, hijo, perdóname", y enseguida agregó: "Te amo, Juan, te amo". Juan Salabim no tenía palabras para expresar lo que el corazón sentía; sólo atinaba a estrechar fuertemente a su padre y decir: "Yo también, papá, yo también te amo con toda el alma, con todo el corazón".

Una luz violeta que parecía venir desde el cielo los envolvía a ambos: era la luz del perdón, de la transformación. Ambos le daban gracias infinitas al Creador por ese encuentro mágico y misterioso, por ese abrazo que llenaba la ausencia de todos esos años de estar uno sin el otro. Juan dijo profundamente emocionado: "Papá, muchas cosas he descubierto, infinitas son las bendiciones con las que me ha colmado el Creador desde que salí de casa buscando algo que no entendía y que aún ahora no logro entender del todo hasta este bendito momento, pero este solo encuentro hubiera valido por sí mismo todo el llanto derramado, todas las noches de soledad y angustia".

Juan Salabim y su padre habían descubierto la magia y la libertad que regala el perdón genuino que surge de la comprensión y emana del corazón.

Cuando menos pensaron, el niño interior, que apenas unos instantes antes se encontraba prisionero dentro del corazón endurecido del padre, se sonreía y jugaba con el resto de los niños presentes, también empuñaba una espada blanca en la mano.

Esa escena le recordó a Juan Salabim que iban a iniciar un combate, uno que prometía ser diferente a todos los que él conocía, y a lo que siquiera hubiera podido imaginar.

Y empuñando la espada, que sacó de la valija, preguntó una vez más: "¿A quién hay que matar?"

Todos los niños interiores rieron de buena gana, mientras que el más pequeño, el bebé de Juan Salabim, puso el ejemplo; le dio un beso a la espada, se dirigió hacia la tienda en la que se encontraban los niños y comenzó a tocar el corazón y la frente de cada uno.

Todos hicieron lo mismo, le dieron un beso a la espada, de la cual comenzó a surgir una luz blanca y radiante, que brotaba incandescente de lo que fuera un beso, uno de amor.

Los hombres tocaban con la espada de igual manera el corazón y la frente de las mujeres, mientras que las mujeres realizaban idéntica operación con los hombres.

Juan Salabim, quien dirigía a ese ejército tan peculiar, se quedó sorprendido al observar cómo todos y cada uno de los presentes iban despertando de lo que parecía un letargo de inconsciencia. Las mujeres tapaban su cuerpo con pudor; los hombres trataban de proteger a las mujeres y a los niños, se despojaban de su abrigo y ropaje para cubrirlos; los niños comenzaban a sonreír, y en sus ojos podía percibirse el brillo de la esperanza, la mirada inocente de un niño.

Tal parecía que cada uno había recobrado su propia naturaleza. Los hombres que en el sueño de inconsciencia habían prostituido a niños y mujeres también habían sacrificado su naturaleza protectora; habían ahogado en las mujeres lo que les inspiraba a las más grandes conquistas, a la lucha por ser cada día mejor, al esfuerzo por brindarles una calidad de vida diferente. Habían confundido su naturaleza protectora con ser sólo el proveedor, el que mantiene, el que da para el gasto, el que paga por un rato de placer.

Pero en ese momento descubrían la dicha de ser ellos mismos, sin miedo; experimentaban la riqueza infinita que obtenían al comportarse como caballeros, con gentileza y amabilidad, mostrándose fuertes, pero apacibles y cariñosos. Tal parecía que habían descubierto su propia naturaleza y actuaban como les dictaba el corazón.

Ellas, que habían buscado la manera de sentirse queridas e importantes, no se habían percatado de que, en su búsqueda afanosa de buscar migajitas de amor, habían enterrado sus más caros anhelos, sus sueños más encumbrados. En esos momentos descubrían que el amor genuino surge del respeto, de la aceptación y el amor a sí mismo, a sí misma. Parecía que comenzaban a entender y a dar vida a aquel antiguo precepto: "Ama a tu prójimo como a ti mismo". Descubrían también que no era posible amar y recibir amor auténtico si antes no habían aprendido a amarse y respetarse a sí mismas.

Los niños simplemente comenzaban a ser tales: reían y jugaban. Su mirada era inocente y tierna. Uno de ellos preguntó a una de las mujeres: "Mamá, ¿podemos irnos a casa en un caballo que pueda volar?" Él no sabía que ninguna de las mujeres que se encontraban allí era su madre, pero el corazón le decía que el amor era un vínculo más estrecho que la carne, que el amor que se entrega sin interés es el más parecido al amor de madre, al amor de Dios.

La mujer buscó con la mirada la respuesta de alguno de los hombres que buscaban con afán la manera de sacar a los niños y a las mujeres de ese lugar. Era la solicitud de un pequeño, el deseo inocente que sólo puede concebir un niño, que estremece y pone en acción al universo entero para hacer sus sueños realidad.

En menos de lo que canta un gallo *Plata* estaba en el centro del lugar, y de su pecho parecían salir cientos de caballos blancos con alas, réplicas de él mismo de diferentes tamaños. Los primeros en montarlos fueron los niños, quienes reían y gozaban esos momentos como sólo un niño puede hacerlo. Tales eran la algarabía y el júbilo de hombres y mujeres que de su corazón salieron también los niños que habían estado presos durante toda una existencia en lo más profundo de la inconsciencia.

Paulatinamente fueron llegando al lugar los camellos y caballos que habían permanecido con *Plata*, sólo que ahora también portaban alas, que habían surgido del deseo intenso de los hombres y mujeres que habían rescatado su propia naturaleza y con ella, la fuerza y la inocencia de cada niño interior.

Poco a poco los animales iban surcando los cielos con la preciosa carga en el lomo, y el sitio, que hasta hacía un rato estaba lleno de bullicio, se fue quedando en una quietud casi completa.

La despedida

Sólo quedaban en el lugar sus amigos y los que habían sido sus compañeros en esa fantástica aventura. Los niños interiores de cada uno, incluso los de Juan Salabim, reposaban ya, serenos y tranquilos, en el corazón de cada uno. Y así, casi sin palabras, pues un nudo en la garganta le impedía hablar, además sabía que las palabras jamás podrían decir todo lo que un corazón agradecido siente, sólo atinó a despedirse con un fuerte abrazo de cada uno, y con la mirada les decía lo que juntos habían descubierto: "Los amigos simplemente están".

Al tener cerca a cada uno de los integrantes del ejercito maravilloso que había combatido contra la inconsciencia se percató de que entre ellos había personas que fueron tratadas de manera injusta por él, como aquéllos que, en aras de mayores ganancias y por iniciativa de él mismo, habían sido despedidos.

Ahora recordaba con impactante claridad que él mismo había sido el precursor de los recortes de personal. Nunca imaginó que llegaría a convertirse en víctima de tan bajas maniobras. También se encontraban entre ellos personas de edad, que, sin importar la experiencia, trabajo y tiempo que habían dedicado a la empresa, habían sido retirados simplemente por ser personas mayores, por aburridos, por no entrar en la *onda*.

Otros le recordaban el trato injusto y arbitrario que había tenido con ellos, cuando, a sabiendas de que tenían responsabilidades y una familia que mantener, se les había obligado a trabajar en horarios infames y se les habían recortado sus ingresos, con la amenaza constante de "esto será así si quieres y si te conviene, porque afuera hay muchos otros que ya quisieran tu puesto".

Qué gran vergüenza experimentaba, qué lección le habían dado; ahora sabía que la lealtad y la nobleza siempre van tomadas de la mano. Sólo atinaba a darles las gracias, abrazarlos fuerte y dejarlos ir. El corazón le decía que muy pronto volvería a verlos y tendrían la oportunidad de trabajar de nuevo juntos, pero esta vez sería diferente, ¡estaba seguro de ello!

Juan Salabim, extasiado por ver cómo desaparecían sus amigos en el límite indeciso del horizonte, montando caballitos blancos con alas, que eran la réplica exacta de *Plata*, su amigo y compañero fiel, con la mirada en dirección al cielo no se cansaba de dar gracias, no sólo por la maravillosa oportunidad que acababa de experimentar, sino también porque su sorpresiva despedida de la empresa le había impedido entregar el proyecto más absurdo, canalla y ruin que hubiera podido fraguar en su inconsciencia, pues, como siempre, en aras de las ganancias había planeado proponer que a los empleados se les cobrara por trabajar, atentando así contra las leyes de la prosperidad y la abundancia, pero sobre todo contra la dignidad y el respeto humanos, la dignidad y el respeto de sí mismo.

De todos los combatientes sólo quedaban frente a él su padre y su madre. Ella fue la primera en despedirse dándole un fuerte abrazo y un beso en la frente, a lo que Juan Salabim correspondió con infinito amor y gratitud. Con inmensa devoción, ella le dio la bendición y al terminar le dijo: "Juan, cuando te sientas solo no dejes de buscarme en las estrellas, en el cielo, a donde llegan los más nobles sentimientos, los sueños y cada oración".

Juan Salabim cerró los ojos, asintió con la cabeza, y una vez más lo besó en la frente. Ella con discreción se hizo a un lado para que Juan pudiera despedirse de su padre, que ahora lucía más como un ángel, no más como una sombra. No obstante, en su mirada todavía había un dejo de tristeza y culpabilidad. Abrazando con fuerza a Juan Salabim le dijo: "Hubiera querido dejarte otra herencia, ser un buen padre para ti, que jamás padecieras todo lo que has tenido que enfrentar, sufrir todo lo que has tenido que sufrir, pero..." Juan Salabim lo detuvo con suavidad diciendo:

Padre, ya no te preocupes más; tú hiciste lo que pudiste, lo que sabías, lo que finalmente te enseñaron a hacer, pero para mí el solo hecho de conocerte tal cual eres, de abrazarte, me brinda el aliciente de salir adelante; despierta en mí el sincero deseo de luchar por mi familia, de recuperarla. Y, mira, cada logro cada conquista, cada ejemplo que logre brindarle a mi familia, te lo voy a entregar a ti y a mamá como una ofrenda, como una flor que sale del corazón, porque aun cuando el reloj del tiempo que mide el plazo terrenal dice que nuestro tiempo se acabó, en el espíritu sabemos que nuestro tiempo es inmortal, que seguimos siendo una familia aquí y allá.

Ambos se dieron un fuerte abrazo una vez más, como si pretendieran con éste recuperar el tiempo perdido, brindarse los abrazos que no se dieron, decirse lo que no se dijeron.

Al separarse su padre se dirigió hacia donde se encontraba su madre y tomándola de la mano se retiraron juntos. Juan Salabim, con el corazón pleno de dicha y gratitud, con los ojos arrasados en lágrimas los vio partir hacia el cielo en el que se coincide en los sueños y en cada oración.

Un asunto pendiente

Juan Salabim estaba a punto de montar a *Plata* para emprender la retirada cuando, en medio de todo ese lujo y ostentación, donde lo que hasta hacía poco había sido bullicio y diversión, percibió la figura de Juan Pervertido, quien lloraba a mares, estaba hincado en el piso y tenía la cabeza oculta entre las manos.

Esa imagen le recordaba su propia imagen cuando lloraba desolado en medio del bosque, en el apogeo de la desolación. "Sólo que éste –dijo para sí Juan Salabim– ha de llorar con tal desconsuelo porque está furioso conmigo, y cómo no ha de estarlo si ya le eché a perder el negocito."

Su primer intento fue salir volando, ya no corriendo de ese lugar, pero se detuvo en seco; sabía que tenía un asunto pendiente con Juan Pervertido, que no podía postergar, ya no quería evadir más sus responsabilidades ni dejar de lado lo que tarde o temprano tendría que enfrentar.

Y así, con el temor de la reacción de Juan Pervertido, Juan Salabim se dirigió hasta donde se encontraba aquél diciendo para sí: "A ver si no me mata este cuate, o por lo menos me aprieta el pescuezo 100 veces, y cuando vea que me estoy asfixiando me suelta para volver a estrangularme hasta que ya no pueda más".

Estos pensamientos lo llenaban de terror y de angustia, al grado de que ya no podía percibir la voz del corazón, que se esforzaba por darse a entender hasta que un rayo caído del cielo lo detuvo en seco. Esta vez Juan Salabim no salió corriendo como en la primera ocasión en que Dios había utilizado este medio para enviarle un mensaje, sino que se paró de inmediato y dijo: "¿Qué quieres decirme ahora, Señor?" En sus cavilaciones Juan Salabim se decía: "Tal vez el Señor quiere ahorrarme un sustito o evitar mi muerte prematura; tal vez intenta decirme que me haga el loco y que deje a este cuate con su berrinche".

En eso la luna y las estrellas, como ya era su costumbre cuando lo veían dudar, hacían esfuerzos descomunales para hacerse entender, sólo que en esta ocasión el mensaje que Juan Salabim pudo percibir era diferente: "Juan Salabim, no seas bruto, escucha tu corazón".

Juan agradeció con un ademán a los pobladores del cielo e hizo un esfuerzo por escuchar una vez más a su corazón, que le decía: "Juan, no alimentes al miedo con tus temores absurdos, deja de preocuparte por lo que aún no llega y ocúpate en lo que tienes que hacer y, por supuesto, deja de pensar que Dios hace tarugadas. Si lo que te dice tu conciencia te causa temor, angustia o confusión, puedes tener por cierto que ese mensaje no proviene del Creador."

Juan Salabim apresuró sus pasos para dirigirse hasta donde se encontraba Juan Pervertido y llamándolo por su nombre se paró frente a él. Éste al verlo tan cerca se paró con rapidez y se lanzó encima de Juan Salabim, de forma tan brusca que casi lo tira al piso. Juan Salabim, con los ojos desorbitados por el susto, hizo el intento de defenderse, pero grande fue su sorpresa cuando Juan Pervertido lo abrazó con gran efusión, y le dijo repetidamente: "Gracias, gracias, Juan Salabim, gracias, amigo mío".

Juan Salabim no lograba salir del asombro al ver la reacción de quien esperaba fuera su enemigo. Al tenerlo frente
a frente observó por medio de sus ojos llorosos una mirada
limpia y serena, la cual lo dejó más sorprendido aún.

"No entiendo –dijo Juan Salabim, y titubeando intentó
pronunciar el nombre de su acompañante diciendo con voz
trémula–. Disculpa, Juan Per…, Juan Perver…"

Juan Pervertido le interrumpió con brusquedad diciendo: "Vamos, muchacho, dilo sin miedo; Juan Pervertido es mi
nombre y harás muy bien en recordármelo. Haré más bien yo
al recordarlo cada día para tener presente mis debilidades,
para no olvidar jamás hasta dónde se puede caer cuando se
ha perdido la conciencia y el contacto con nuestra esencia,
con nuestra verdad".

Y como si Juan Pervertido comprendiera el desconcierto
que prevalecía en la mente de Juan Salabim se apresuró a explicarle que, cuando se dirigía a detener la contienda él mismo fue tocado por un ángel en la frente y el corazón.

Las características que Juan Pervertido le narraba de ese
encuentro tan peculiar no le dejaba lugar a dudas de que su
propia madre había sido el instrumento para sacar a Juan Pervertido del letargo de la inconsciencia.

Juan Pervertido, asiendo con fuerza del hombro a Juan
Salabim, le pidió que lo acompañara hasta el lugar donde se
encontraban unas tiendas de tamaño descomunal, las cua-
les, antes de la transformación que acababa experimentar, se
encontraban custodiadas por guardias de gran proporción y
altura, mismos que durante el combate tan singular también
habían tenido el impacto de la metamorfosis.

Cuando Juan Pervertido abrió las cortinas que cubrían la
entrada Juan Salabim no podía dar crédito a lo que sus ojos

contemplaban. Había miles de barriles y cofres repletos de joyas preciosas, lingotes de oro y billetes de todas las nacionalidades y denominaciones.

Juan Pervertido fue el primero en romper el silencio y dijo: "Quiero que te lleves todo esto, Juan Salabim, que lo inviertas en las acciones necesarias para propiciar que cada ser humano salga de la inconsciencia; para favorecer la cultura, estimular las ideas, la creatividad y la imaginación; también para promover los valores más encumbrados de la humanidad: la unión de la familia y la dignidad y el respeto, no sólo de los hombres, sino de la naturaleza entera".

A lo que Juan Salabim respondió de inmediato: "Pero ¿tú que vas a hacer, Juan Pervertido?" Éste contestó de inmediato: "No te preocupes por mí, Juan Salabim, yo quiero disfrutar mi libertad, aprender a ser feliz con lo que el Señor me regala con cada amanecer; quiero descubrir tantas cosas, quiero... necesito emprender un viaje como el que has realizado tú".

"Ah, sí, qué padre, ¿no? –dijo para sí Juan Salabim y agregó–. Se me hace que este cuate no ha cambiado ni tantito, y ahora me quiere endilgar su esclavitud, lo que generó su sufrimiento y su inconsciencia."

Como si Juan Pervertido adivinara los pensamientos de Juan Salabim se apresuró a decir: "Mira, Juan, tocayo". Juan Salabim respingó de inmediato y dijo para sí: "¿Tocayo, pues éste que se cree?, mi otro tocayo, o más bien, el que sí es mi tocayo –refiriéndose a Juan sin Apellido– dice que mi apellido es mágico, en cambio, el de este cuate francamente deja mucho que desear".

La voz del corazón recriminó a Juan Salabim diciendo: "¿Otra vez comenzamos con eso, Juan Salabim, de nuevo te sientes más y mejor que los demás?" Estas palabras hicieron recapacitar a Juan Salabim quien de inmediato se dirigió a Juan Pervertido y para disculparse le dijo: "Perdona, tocayo, me distraje un momento, pero te escucho, soy todo oídos".

Juan Pervertido sonrió divertido y continuó diciendo:

Mira, Juan Salabim, tú ya descubriste que el oro antes de serlo tiene que pasar por el fuego del crisol, ¿no es así, amigo? –Juan Salabim asintió con la cabeza y continuó prestando atención a las palabras de Juan Pervertido, quien agregó–. De igual manera el oro y la riqueza sólo sirven como tales cuando se utilizan con fines nobles y encumbrados, cuando propician el bienestar de la humanidad y el esplendor de la naturaleza; pues cuando se usan con fines contrarios a esto se convierten en plomo para el alma y lápida para el corazón, cadenas y grilletes para la libertad.

No obstante, como queriendo evadir la tremenda responsabilidad de utilizar su libre albedrío y medir las consecuencias de sus acciones, Juan Salabim trató de evadir tal responsabilidad diciendo: "Pero no tengo en qué llevarme tal caudal de riqueza; ni en quinientos camiones de mudanza podría trasladar lo que tú de forma tan desprendida me obsequias".

"No te preocupes –le dijo Juan Pervertido–, yo encontraré la manera de hacerte llegar este tesoro." "Pero tampoco tengo domicilio fijo", replicó Juan Salabim, a lo que de inmediato Juan Pervertido respondió: "Ya pronto, más pronto de lo que te imaginas, estarás instalado en... –Juan Pervertido interrumpió la frase diciendo–: En donde te encuentres, ahí te haré llegar las riquezas. ¡Vamos, muchacho!, que no te dé miedo el miedo; acepta lo que la vida te depara; ya has evolucionado lo suficiente como para saber administrar toda esta riqueza; si no fuera así, ¿de qué serviría todo lo que has aprendido?"

Juan Salabim reflexionó un momento y dijo para sí: "Es verdad, mayor que el tesoro que este hombre me obsequia es el que llevo grabado en la mente y en el corazón", por lo que aceptó de buen grado el regalo que le brindaba aquel sorprendente personaje del desierto; después de todo muchas eran las necesidades que prevalecían en su mundo, y muchas también las posibilidades de multiplicar esa riqueza y emplearla en crecimiento y bienestar humanos, así como en bienestar y resplandor del planeta que el Creador le ha otorgado como hogar, además, Juan Salabim ya sabía invocar la guía y la orientación divinas y escuchar la voz del corazón.

Para concluir ese encuentro, Juan Pervertido se despojó de la capa y el turbante y se los entregó a Juan Salabim, quien de inmediato colocó cada cosa en su lugar y, sonriendo complacido, abrazó con fuerza a su nuevo amigo y montó a *Plata*, disponiéndose a surcar los cielos una vez más.

El regreso a casa

Juan Salabim, ataviado con esa extraña pero hermosa vestimenta, montado en un caballo con alas que surcaba los cielos, parecía uno de los Reyes Magos traído de Oriente. Parecía ser esa imagen que persiste en los sueños de cada niño, especialmente en los de invierno que están muy cerca de la Nochebuena y la Noche de Reyes. Sin duda lucía espectacular. Él disfrutaba intensamente esa sensación de serenidad y libertad que había aprendido a conquistar a lo largo de su trayectoria.

Ignoraba qué le tenía deparado el Creador para el día siguiente, pero en ese momento, el único que le pertenecía, disfrutaba cada instante, cada respiración. Le parecía excepcional la oportunidad de navegar en el vasto cielo acompañado de su querido amigo, sintiendo tan cerca las estrellas y su constante centelleo. La luna parecía sonreírle y divertirse con él escondiéndose de vez en vez detrás de las nubes.

El viento comenzó a soplar con fuerza como invitándolo a correr con él una vez más. Juan Salabim no dudó en aceptar la invitación de Eolo, el rey de los vientos, su amigo con el que le gustaba jugar carreritas, e instando a *Plata* comenzó a volar en dirección a la corriente.

Su amigo el viento le susurró al oído: "Tu tesoro ya viene en camino, Juan Salabim". A éste le dio un enorme gusto, pero a la vez una infinita nostalgia, y decía para sí: "Hace poco hubiera empeñado la vida por la milésima parte de ese tesoro, pero hoy sé que la mayor riqueza proviene del corazón de Dios, al que he aprendido a escuchar y sé que se encuentra en mi propio corazón; hoy traigo arropada el alma con virtudes que me hacen sentir rico, verdaderamente poderoso y millonario; hoy de mis labios brota con facilidad una sonrisa, y el decir *te amo* no se hace esperar".

Con enorme melancolía pensó en su familia, en su hogar y continuó diciéndose: "Si hoy pudiera abrazarlos, tenerlos cerca, compartir con ellos todo lo que me ha sido otorgado con infinita generosidad". Al instante unas lágrimas de nostalgia surcaron su rostro, que con cuidado enjugó. Cerró los ojos e imaginó que los tenía cerca, que podía abrazarlos y besarlos, que podía decirles a cada uno, sin miedo: "Te amo".

De repente, casi sin darse cuenta, Juan Salabim se encontraba frente a su casa, que esta vez lucía diferente: como un palacio que irradiaba una luz inmensa, blanca, radiante e incandescente que lo llenaba de paz y de amor.

Juan Salabim quedó maravillado ante tal espectáculo, y mayor fue su sorpresa cuando se percató de que dicha luz emanaba de él mismo, del centro de su corazón. ¡Sí!, él mismo era luz, con alas, con sueños, que ahora sabía que podían hacerse realidad. Luz en la que se encontraban almacenados los sueños del universo, del Creador y que, sin saberlo él, se encontraban depositados desde el principio del tiempo en lo más profundo de su corazón.

Juan Salabim no acababa de asimilar la dicha infinita de tal sensación ni salir de su enorme sorpresa, cuando de pronto percibió frente a él la figura de Juan sin Apellido, que en esta ocasión lucía con un gran porte y solemnidad. Era la imagen de un gran anciano que irradiaba sabiduría y bondad, que inspiraba respeto y veneración.

Sus vestiduras eran blancas como la nieve y de toda su presencia emanaba luz. Su sonrisa reflejaba ternura infinita y su mirada amor y bondad. Juan Salabim quiso abrazarlo, pero tal majestuosidad y luminosidad lo detuvo al instante, y sólo atinó a decirle con profunda admiración y reverencia: "En verdad que desde que te conocí supe que eras un gran rey", a lo que el gran anciano respondió: "Juan Salabim, tú también lo eres".

"En verdad que tú eres un gran sabio, señor", agregó Juan Salabim. "Tú también lo eres, Juan Salabim; recuerda que yo soy el reflejo de lo que tú mismo eres, de lo que puedes ser", con gran dulzura respondió el gran señor.

En ese momento el resplandor de ambos se hizo aún mayor; parecía haber crecido hasta el infinito, pero en realidad emanaba del mismito corazón de Dios; era la luz que daba vida a la vida, era la luz del amor divino, del amor de Dios, que los hacía uno consigo mismo, uno entre los dos, uno con la naturaleza… uno con Dios.

Los rayos de luz que emanaban de uno y otro comenzaron a entrelazarse, y un abrazo de espíritu logró hacer uno solo a los dos. Las palabras no tenían lugar en ese momento, el sentimiento era uno solo y como uno solo se encontraban los dos.

Juan Salabim fue el primero en retirarse, y al experimentar tal poder, pensó que Juan sin Apellido bien podía haber evitado mucho del sufrimiento que tuvo que enfrentar, se dirigió al gran señor para reclamarle con ternura y le dijo: "Si tú bien sabías de lo que se trataba, ¿por qué no me lo advertiste; si hubieras querido, me habrías podido evitar tanto dolor, sufrimiento y desolación".

Con voz suave pero potente Juan sin Apellido le dijo a Juan Salabim:

Juan, para cada hombre la vida guarda un camino virgen, ese sendero es tuyo, sólo a ti te pertenece. Por ello, ese camino sólo tú podías descubrirlo y recorrerlo. Hoy sabes que era tu oportunidad para descubrir tu esencia, la verdad que te hace libre y eterno; era tu oportunidad de quitarte lo bruto y descubrir quién eres en realidad.

¿O acaso hubieras preferido que te dijera lo que tenías que hacer, que te trazara el camino que tenías que andar? ¿En dónde hubiera quedado tu libre albedrío, y cuándo, dime cuándo, te hubieras atrevido a enfrentar el miedo? ¿Cómo hubieras descubierto la magia del perdón si no hubieras conocido primero el infierno del resentimiento; cuándo hubieras descubierto las cosas que verdaderamente valen; cuándo hubieras descubierto que cada adversidad representa una oportunidad genuina? ¿Cómo hubieras logrado despojarte del lodo, del fango que aprisionaba tu corazón si no hubiera sido por este recorrido que estás a punto de culminar?

Hoy sabes a ciencia cierta que la esencia de la vida, el alma del Creador, vive en tu corazón, en cada célula que se renueva y en cada respiración. Recuerda, Juan –continuó el gran anciano–, yo soy el reflejo de lo que tú eres, de lo que cada hombre puede ser.

Enseguida, estiró su mano derecha señalando con el dedo índice la que por mucho tiempo fuera la casa de Juan Salabim, como invitándolo a dirigirse a ella.

Juan Salabim sintió otra vez el miedo en su cuerpo. Bien que lo reconocía, bien que podía identificarlo a la primera. Sintió como si todas las culpas de sus errores anteriores de inconsciencia cayeran de pronto sobre él; ahí estaba de nuevo la voz interior que siempre acompañaba al miedo para repetirle una y otra vez sus culpas y miseria, para reclamar y reprochar lo que había hecho y lo que había dejado de hacer.

Parecía que el miedo estaba ganando la batalla. Juan Salabim dudó en enfrentar la realidad, su realidad, pero el deseo de ver a quienes tanto amaba, el amor que les tenía y que había sido su impulso en todo este trayecto lo empujaron una vez más a encarar el miedo, y tomó la decisión de presentarse ante ellos, su familia, su amada familia.

Pero antes, con gran cariño y gratitud, se despidió de su maestro y amigo. Y así, después de ambos intercambiar luces de colores y una gran sonrisa, Juan sin Apellido desapareció de la vista de Juan Salabim, entonces, éste último se dirigió a la entrada de lo que durante un tiempo fue sólo su casa, no su hogar.

De inmediato, con gran sigilo subió las escaleras y se dirigió a la recámara nupcial. Ahí se encontraban ellos, su familia, acostados en la enorme cama; dormían abrazados unos con otros, como si trataran de compensar la ausencia de quien tanta falta les hacía, de la persona a quien tanto extrañaban; como si el calor que se prodigaban unos a otros pudiera borrar, aunque fuera sólo un poco, el frío de la ausencia, el dolor del abandono. Juan Salabim sintió de nuevo inmensos deseos de llorar, de abrazarlos.

Esta vez no luchó contra el llanto, no trató de disimular su pena como en otras ocasiones lo había hecho cuando experimentaba esa sensación y que de mil formas trataba de ocultar, de reprimir sus lágrimas y su emoción.

A Juan Salabim ya no le daba miedo llorar, pero también había aprendido que llorar todo el tiempo no era la solución: ¡debía actuar! Recordó el ejemplo que le había dado su niño interior, y con valor desenfundó la espada que traía guardada en la valija que le había servido de equipaje en su extraño recorrido, *la espada del valor y la verdad*, la cual levantó en dirección al cielo y la besó en la punta.

La espada de inmediato se llenó de luz, radiante y hermosa, la cual reflejaba todos los colores del arcoíris, aunque destacaba de manera especial el color rosa, que representaba el amor divino, el amor de Dios. Juan Salabim ya había descubierto lo que puede lograr un solo beso, uno de amor.

Con la luz que emanaba de *la espada del valor y la verdad* tocó el corazón de cada uno de los miembros de su familia y los besó con cuidado en la frente, como tantas veces había sido besado él por ese ángel invisible que, hoy sabía, estaba siempre presente y caminaba con él.

Juan Salabim sabía también lo que se puede lograr con un simple beso, con uno de amor genuino con el que se construye un mundo, se realizan los sueños y se conoce a Dios.

Juan Salabim en silencio, pero con profunda emoción y gratitud, le dio gracias a Dios por esa nueva y maravillosa oportunidad; también le dio gracias infinitas al Creador por haberle permitido quitarse lo bruto. "Es más –dijo Juan Salabim–, gracias por haberme hecho un bruto, pero también por haber sembrado en mí el deseo de no serlo más; gracias por permitirme descubrir los recursos que depositaste en mi corazón, mi mente y mi espíritu desde el principio del tiempo. ¡Gracias, gracias, Señor!"

Un canto de esperanza

En el cielo que cubría con su manto estrellado esa noche mágica y especial nacía una estrella, que anunciaba una nueva oportunidad para la humanidad, y con ella renacía la esperanza de salvación, porque Juan Salabim había logrado atravesar el túnel oscuro de la inconsciencia, y superar la prueba más ardua y difícil que puede enfrentar ser humano alguno: la de encarar sus errores, descubrir sus debilidades y convertirlas en virtudes mediante la conquista de sí mismo, así como descubrir también su heredad divina e inmortal que lo eleva por encima de cualquier limitación terrena, dolor y pérdida material.

Juan Salabim había logrado salir victorioso y salvarse a sí mismo, y con ello, aun sin darse cuenta del todo, dejaba un camino de posibilidades para la humanidad, pues lo que un solo hombre realiza en pro o en contra de ésta constituye un camino de posibilidades para cada hombre y mujer, además de una nueva oportunidad.

Él partió de sus miserias y fracasos, de las secuelas de su propia inconsciencia para iniciar un camino de autotransformación. Había logrado quitarse lo bruto; había dejado de ser un simple carbón agobiado por el miedo y el peso de las culpas y los errores no enfrentados para convertirse en un radiante diamante de luz y eternidad.

Juan Salabim lo intentó y lo logró, y tú ¿cuándo te atreves a iniciar la conquista de tu libertad… cuándo te atreves a quitarte lo bruto?

Sobre la autora

Raquel Levinstein, pionera de la Psicología Cuántica y del Espíritu con más de tres décadas de trayectoria, es directora del Centro de Servicios Interdisciplinarios para el Desarrollo Humano (CSIDH), así como presidenta y fundadora de la Asociación Hispanoamericana de Psicología Cuántica y del Espíritu.

Es autora de varios libros considerados *best sellers*, entre los que destacan: *Pensando en ti, En busca de un ayer perdido* y *Señor, quítame lo bruto*; además del *long seller El infierno del resentimiento y la magia del perdón*, libro que recibió la Condecoración al Mérito Editorial y que lleva más de 35 reimpresiones. Es autora de más de 55 audios con reflexiones de autoterapia emocional creados para enfrentar situaciones como la pérdida de un ser querido, el abandono y la infidelidad; también para ser mejor padre, hijo y ser humano, y todos los temas inherentes a la superación personal y el desarrollo humano.

Es una destacada conferencista que sabe tocar las fibras más sensibles de su auditorio. Además, desde hace más de 30 años, colabora con grupos de autoayuda, como Alcohólicos Anónimos, a quienes ama y admira profundamente.

Cuenta también con una importante trayectoria en televisión y radio, donde ha recibido premios internacionales como el Premio Quetzal, el Micrófono de Oro, la medalla Dolores Ayala por la Asociación Nacional de Locutores y el premio Águila de Oro. En la actualidad puedes escucharla en su

programa *Siempre contigo*, que se transmite todas las mañanas a las 11:30 por Radio Centro 1030 AM y en todo el mundo a
través de internet en: <www.radiocentro1030.com.mx>.

Ha sido reconocida y premiada, incluso en el ámbito internacional, en todas las áreas en las que se ha desempeña-
do: escritora, conductora de radio y televisión, conferencista
y, sobre todo, la que ella considera la más importante: la de
promover el cariño de su público.

Si deseas contactar a Raquel Levinstein puedes hacerlo
en la página <www.raquelevinstein.com.mx> o comunicarte
al teléfono 55 41 43 19, donde con gusto te informarán sobre
sus libros, materiales auditivos, así como cursos, talleres y
conferencias con lo más actualizado de la Psicología Cuántica
y del Espíritu.

Señor,
QUÍTAME
LO BRUTO

terminó de imprimirse en 2017
en Diversidad Gráfica, S. A. de C. V.,
Privada de avenida 11 número 4-5, colonia El Vergel,
delegación Iztapalapa, 09880, Ciudad de México.